**MATERIALS
INFORMATION**

Prologue

지구를 지키는 재료

언젠가부터 건축가란 환경을 극도로 파괴하며 사는 직업이라는 생각이 들었다. 지구를 갉아먹은 덕에 먹고 살 수 있었다는 죄책감이 여태껏 다져 왔던 건축에 대한 생각을 변화시키고 있다.

환경파괴는 인간의 무지에서 비롯됐다. 이대로라면 복원력을 상실한 지구에서 생명은 사라질 것이다. 그다지 먼 미래의 이야기가 아니다. 20세기 초 시작된 콘크리트 건축은 제2차 세계대전으로 폐허가 된 지역을 빠르게 복구하는 데에는 탁월했으나 재활용, 재사용이 불가능한 거대 폐기물 덩어리를 남기며 환경을 파괴해 왔다. 실제로 건축 분야에서 배출하는 이산화탄소의 양은 전체 산업의 30% 이상을 차지한다. 동시에 자연 서식지에 미치는 영향도 상당하다. 무언가를 만들어내는 일은 필연적으로 자원을 소모하고 탄소를 배출한다. 건축계 종사자들은 지구에 대한 책임에서 결코 자유로울 수 없다. 2019년 유럽에서는 기후와 생태계 붕괴 위기를 해결하기 위해 건축계 협력체인 ACAN Architects Climate Action Network을 설립했다. 그러나 시작하자마자 난관에 부딪혔다. 협력체의 주축이었던 포스터앤파트너스 Foster+Partners와 자하 하디드 아키텍츠 Zaha Hadid Architects, 두 건축사사무소가 탈퇴한 것이다. 대량의 탄소를 배출하는 공항 설계공모에 참여한다는 이유에서였다. 그들은 환경에 대한 책임을 다하는 대신 현실적인 실리를 선택했다. 이 사건은 현재의 건축 시스템으로는 미래 환경 기준을 지키기에 역부족임을 단편적으로 보여주는 사례다.

피할 수 없는 문제라면 그것을 똑바로 직면하는 자세가 필요하다. 그 첫걸음은 저탄소, 친환경, 순환 등의 관점에서 건축을 섬세하게 해석하는 일이다. 이를 위해서는 물리적, 기술적 자원을 꾸준히 살피며 지속가능하게 성장할 수 있는 방법을 고민해야 한다. 쓰레기를 줄이고 자원을 재활용한다는 원칙을 지켰을 때 기후변화를 저지하는 친환경 건축을 이루어 낼 수 있다.

오랫동안 우리와 함께해 온 '목재'와 '종이'는 이 원리에 가장 적합한 소재다. 탄소를 저장하고 자연의 자양분으로 다시 돌아가는 이 전통 재료는 미래 시대의 희망으로서 무한한 가능성과 가치를 지닌다. 소재의 특성과 한계를 넘어서는 기술 연구는 목재와 종이를 저탄소 소재로 빠르게 전환시키고 있다.

미래의 건축이 나무를 심는 행위와 같았으면 좋겠다. 땅을 복원하고 미생물이 자라며, 보다 많은 생명을 품는 하나의 생태계가 되어 생명을 살리는 나무처럼 말이다. 이러한 시선이 보편적인 가치로 함께하는 때에 비로소 펼쳐지게 될, 목즈 빌딩을 넘어 청명해진 하늘을 상상해 본다.

-
2022년 3월
발행인 윤재선

발행 배포_에잇애플㈜
First published and distributed by 8apple ltd.

GARM magazine

에잇애플 주식회사
06032 서울특별시 강남구 도산대로25길 36 3층
3F, 36, Dosan-daero 25-gil, Gangnam-gu, Seoul, Korea
T: 02-537-1536
F: 02-537-1532
E-mail: info@8apple.kr
garmmagazine.com
 garm_magazine
 garmssi

감19 종이
GARM ISSUE 19 PAPER

초판 1쇄 인쇄 2022년 2월 18일
초판 1쇄 발행 2022년 3월 7일

발행인_ 윤재선
에디터_ 정경화, 정신오, 박우진 | 디자인_ 그래픽스튜디오베이스
사진_ 이수연 | 교정·교열_ 하명란

발행처_ 에잇애플(주)
출판등록 2017. 4. 14.(제2017-000078호)
ISBN 979-11-89485-18-4 | 979-11-89485-16-0(세트)

GARM

감19
종이

GARM ISSUE 19
PAPER

garmSSI

종이에서 시작하는 연대

일곱 번째 시즌의 주제를 친환경으로 정하고서 몇 가지의 재료 후보를 뽑았다. 그중 종이를 택한 것은 자연에서 난 친환경 소재라는 점이 가장 컸지만, 한편으로는 목재만큼이나 마음 깊은 곳을 건드리는 재료라는 이유도 있었다. 누구나 생활 속에서 종이를 만난다. 노트에 글자를 끄적이고, 책과 신문을 읽으며 세상을 만나고, 택배 박스를 뜯어 주문한 물건을 확인한다. 어찌 보면 종이는 일상에서 가장 자주 접하는 재료다. 건축에만 범위를 국한하지 않고 인쇄와 출판, 포장에 이르는 다양한 분야를 다루게 된 것은 이러한 이유에서다.

취재를 하면서 '과연 종이를 정말 친환경 재료라 할 수 있을까?' 하는 의문이 드는 순간도 없지 않았다. 플라스틱이나 콘크리트만큼은 아니지만 종이 또한 제조 과정에서 많은 오염물질을 배출한다. 원료가 될 나무를 키우는 조림지는 생산성을 높이고자 획일화된 수종을 심기에 건강한 생태계와는 거리가 멀다. 또 재활용을 한다지만 전단지는 분리수거를 할 수 있는지, 파쇄한 종이는 어디에 버려야 하는지 나조차도 제대로 알지 못한다. 그렇게 여전히 많은 종이가 쉬이 버려진다.

책을 마무리하는 지금도 종이가 완벽한 친환경 재료라 단언하기는 어렵다. 그러나 지구를 조금 더 나아지게 할 방법이라는 것, 그리고 그 과정에서 개선하고자 하는 노력이 앞으로를 바꿀 것이라는 이야기에는 확신을 갖게 됐다.

이 책에는 종이를 연구하는 사람부터 펄프로 종이를 제조하는 기업, 포장재로 이용하는 브랜드, 새로운 작품을 만들고 싶은 예술가, 건축물의 재료로 사용하는 건축가까지, 다양한 사람들의 이야기가 담겨 있다. 이렇게 폭넓은 분야를 취재하며 느낀 것은 이들의 실천이 더 큰 힘을 발휘하기 위해서는 만들고, 사용하고, 버리는 과정이 하나의 고리를 이루며 치밀하게 얽혀야 한다는 점이다. 종이 보드를 만드는 기업 호넥스트는 단순히 공장의 규모를 키우기보다 제지사와 함께 운영하는 모델을 고민한다. 디자이너 바딤 키바르딘은 종이 포장재로 작품을 선보이는 것에서 더 나아가 제조사와 소비자가 제품의 포장재를 새롭게 활용하는 시스템을 제안한다. 톤28의 박준수 대표는 "한 명의 제로 플라스틱보다 만 명의 레스 플라스틱이 더 큰 효과를 발휘한다"고 말한다. 이들의 자세에서 우리가 나아가야 할 방향을 찾을 수 있다. 과정이 연결되고 여럿이 함께할 때 더 큰 결과가 돌아온다.

앞으로 주변의 더 많은 물건이 종이로 바뀔 것이다. 그래서 종이는 오늘보다 내일 더 중요하고, 지금부터 더 많이 고민해야 할 재료다. 이 책이 그 연대의 시작이 되었으면 좋겠다. 당신이 참여할 수 있는 고리는 어디쯤 있을지 우리와 함께 찾아보자.

_

책임에디터 정경화

일상 속에서 만나는 종이

모처에 자리하는 종이의 모습을
좀 더 가까운 시선으로 들여다본다.

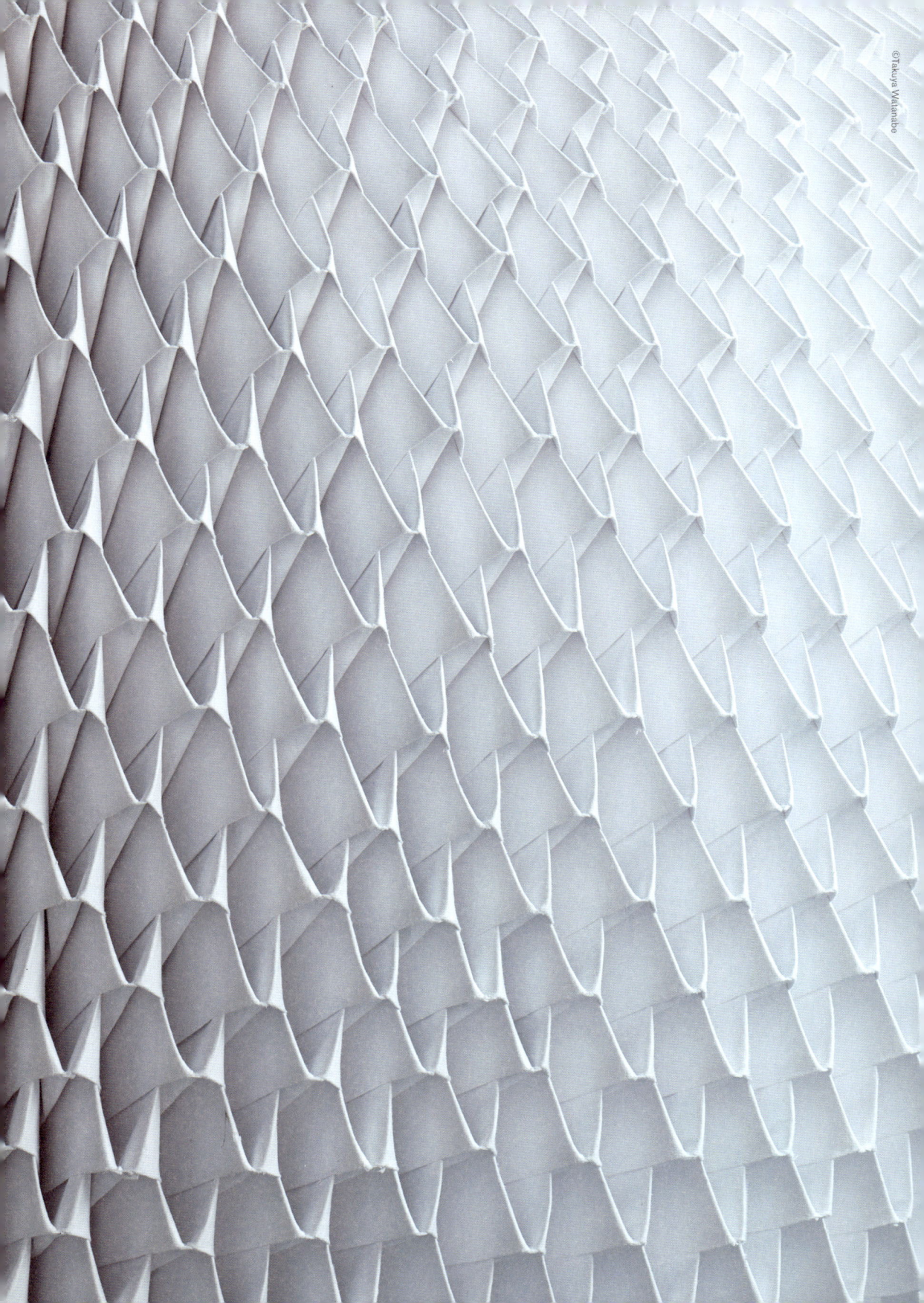

1
STORY OF
PAPER

Contents

©톤28

©리베이션

Contents

STORY OF PAPER

기록 매체에서 다양한 산업의 소재로

역사적인 순간은 늘 기록으로 전해졌고
이를 가장 오랫동안 책임져 온 것은
다름아닌 종이였다. 기록 매체로 출발해
반도체 산업의 대체재가 되기까지
종이의 긴 여정을 돌이켜봤다.

-

글 정신오

종이의 탄생

순간을 담고자 하는 인간의 욕구는 여러 기록 도구를 만들었다. 그 수많은 시행착오 끝에 종이가 탄생했고 이후 오랜 시간을 인류와 함께해 왔다. 그렇다면 기존의 기록 도구와 어떤 점이 다를까? 사전적 정의를 살펴보면 종이는 '식물성 섬유를 원료로 하여 만든 얇은 기록 도구'로, 섬유를 사용한 것이 특징이다. 이를 기준으로 봤을 때, 갈대를 수직으로 교차해 말린 파피루스Papyrus와 동물의 가죽을 얇게 펴서 표백한 양피지Parchment는 기록을 위한 도구는 맞지만 종이는 아니다. 그 의미에 부합하는 소재가 처음 등장한 때는 105년 중국 후한시대이다. 당시 문신이었던 채륜은 나무껍질과 오래된 그물, 천 조각 등 저렴하면서 구하기 쉬운 재료를 모은 다음 곱게 갈아내어 그늘에 말렸다. 그 결과 원료로부터 잘게 분해된 섬유가 얼기설기 얽히면서 천 모양의 얇은 형체가 만들어졌다. 이것이 최초의 종이인 채륜지다. 무겁고 가격이 비싸 보편화되지 못했던 이전의 기록 도구가 지닌 단점이 단번에 해결된 순간이었다.

이후 종이는 빠르게 확산됐고, 16세기에는 당시의 기술로 수요를 감당하지 못할 지경에 이르렀다. 이때를 기점으로 수작업으로 이루어졌던 제지 공정이 조금씩 기계화되기 시작한다. 가장 먼저 개발된 것은 원료 분쇄기인 홀랜드 비터Holland Beater다. 이 기계를 이용하면서 수작업으로 이루어지던 기존의 섬유화 공정은 물레방아가 회전하면서 원료를 잘게 분해하는 방식으로 간소화됐다. 1708년에는 컨베이어 벨트에 섬유를 펼쳐서 건조하는 연속식 초지기Robert Papermaking machine가 등장하면서 한번에 커다란 종이를 만드는 것이 가능해진다. 이후 초지기는 여러 개의 롤을 회전하는 방식으로 발전하며 오늘날 제지 공장에서 사용하는 장양식 초지기의 모습을 갖춘다.

인쇄술의 발달에 따른 종이의 변천사

종이가 확산되면서 정보를 전하는 매체가 다양해졌고 기록물을 만드는 인쇄산업도 더불어 성장한다. 종이는 정보를 담아내는 그릇이 되어 매체의 특성에 적합한 형태로 끊임없이 변화한다. 신문용지가 그 과정을 보여주는 대표 사례다. 지금은 신문 하면 가장 먼저 회색 종이를 떠올리지만 처음 만들어졌을 당시에는 리넨과 같은 직물로 만들어 옅은 미색을 띠었다. 인쇄에 종이를 사용한 것은 1844년 캐나다의 찰스 패너티Charles Fenerty가 부서진 나무 자투리를 원료로 하는 생산 방식을 개발한 후의 일이다. 회색은 나무의 원료이자 '흑액'이라고 불리는 리그닌으로부터 발현된 특징이다. 일반적으로 종이는 화학 공정을 통해 리그닌을 제거하지만 빠르고 저렴하게 생산하는 것이 중요한 신문용지는 제작 비용을 절감하기 위해 이 과정을 생략한다. 신문을 만들 때 낱장이 아닌 롤 용지를 이용하는 것 역시 많은 양을 빠르게 생산하기 위함이다.

반면 책이나 잡지에 쓰이는 종이는 인쇄 품질을 높이는 방향으로 발전했다. 단편적으로 리그닌을 함유함으로써 나타나는 잿빛을 없애기 위해 황산칼슘이나 규조토, 백색납, 활석 등의 안료를 첨가해 재료를 표백했다. 1875년에는 미국의 인쇄업자이자 작가인 테오도르 드 빈Theodore L. De Vinne이 종이 표면에 합성수지를 도포해 매끄러운 질감의 코팅지를 발명하기도 했다.

품질이 어느 정도 자리를 잡자 생산성을 위해 크기를 표준화하려는 시도가 나타난다. 대표적인 것이 A4, A3 등 인쇄용지에 적용되는 표준 규격인 A시리즈다. 이 기준은 1922년 독일에서 처음 규정된 것으로, 반으로 접어도 비율이 일정하게 유지되도록 1:1.141의 황금비율을 적용했다. 그 결과 841×1189mm인 종이를 최대 10종으로 세분할 수 있게 되었다. 표준규격은 1975년 국제 시리즈로 규정되어 현대까지 이어져 오고 있다.

적용 분야를 넓히는 종이

종이는 기록의 도구를 넘어 다양한 분야로 영역을 넓혀가고 있다. 특히 오늘날에는 전세가 역전되어 포장산업에서 가장 활발하게 쓰인다. 시장의 흐름을 바꾼 데에는 골판지의 영향이 컸다. 골판지가 처음부터 포장을 목적으로 만들어진 것은 아니다. 1856년 골을 만드는 방식을 처음 고안한 미국의 에드워드 형제는 종이를 아코디언처럼 접고 모자 속에 넣어 형태를 고정하는 용도로 사용했다. 그로부터 15년이 지난 1871년 알버트 존스Albert Jones가 물결 모양의 골이 완충력을 발휘한다는 사실을 발견하면서 본격적으로 포장재로 쓰이기 시작한다. 그는 골 모양의 종이를 만들어 특허를 받았고, 이것으로 병이나 등유 램프 등 유리 소재의 제품을 감쌌다. 골판지는 당시 주요 포장재였던 패브릭보다 더 안전하게 물건을 보호했고 완충용으로 사용하던 톱밥보다 위생적이어서 크게 환영받았다. 골이 찌그러지면 충격에 약해진다는 단점이 있었지만 1874년 올리버 롱Oliver Long이 위아래에 판지를 감싸는 방식으로 보완하면서 대표 포장재로 자리매김했다.

종이의 현재와 미래

시대에 따라 재료에 요구되는 역할은 꾸준히 변화한다. 디지털 미디어가 발전하면서 종이 역시 다른 방면으로 쓰임을 넓혀간다. 특히 반도체 산업에서는 접거나 감싸는 방식으로 형태를 바꾸는 '웨어러블'과 '플렉서블'을 실현하는 꿈의 소재로 떠오르고 있다. 이미 업계에서는 종이를 반도체로 사용하기 위한 연구가 한창이다. 인하대학교 기계공학과 김재환 교수는 종이에 전기를 가했을 때 잘게 떨리는 성질을 활용해 생체모방 종이작동기(EAPap, Electro-Active Paper)를 개발했다. 이 소재는 움직임을 구현하면서 차지하는 면적이 적어 초소형 로봇과 같이 크기가 작은 기계에 안성맞춤이다. 한국과학기술원KAIST 물리학과 연구팀은 종이 소재의 광전소자[1]를 개발하기도 했다. 지금까지 다이오드와 같은 광전소자는 형태가 고정적이어서 웨어러블을 구현하는 데 가장 큰 문제점으로 꼽혔다. 그러나 종이로 만든 광전소자는 유연해 자유자재로 구부리거나 접는 것이 가능하다. 더불어 폐기 과정에서 환경에 미치는 영향이 적어 친환경 반도체를 구현하는 재료로 주목받는다.

[1] 광전소자: 외부에서 에너지를 흡수하여 광을 방출하거나 광을 흡수하여 임의의 형태로 방출하는 소자를 말한다. 레이저 다이오드나 광다이오드 등이 광전소자에 해당된다.

다채로운
종이의 세계

종이는 단순히 기록만을 위한 재료가 아니다.
노트나 스케치북의 바탕면이 되는 백상지부터
제품을 포장하는 판지, 특정 온도에 반응하는
감열지까지. 무궁무진한 용도로 쓰이는 다양한
종이를 만나는 시간.

-

글 정경화

인쇄용지

출판물을 비롯해 정보를 전달하는 용도로
사용하는 모든 종이를 통칭한다. 인쇄용지가
갖춰야 할 가장 중요한 조건은 단연 인쇄의
표현력이다. 색감은 선명하게, 형태는 정확하게
표현해 원본과 최대한 비슷한 모습을 구현해야
한다. 이를 위해 종이가 갖춰야 할 강도와
백색도[1], 표면의 평활도와 매끄러움, 불투명도와
잉크 흡수성 등의 여러 물성을 포괄하여
인쇄적성이라 하고, 인쇄용지의 품질을 가늠하는
기준으로 활용한다.

-

비도공 인쇄용지

얇고 평평한 형상을 만드는 초지 공정이 끝난 후에
표면을 가공하는 공정을 추가로 거치지 않고 완성한
종이를 비도공지라 한다. 매끄러움이나 광택은
없지만 대신 종이 본연의 촉감이 그대로 살아 있고
특유의 거친 필기감이 매력적이다. 천연펄프와
재생펄프의 구성 비율에 따라 상질지와 중질지,
하질지로 종류가 나뉜다.

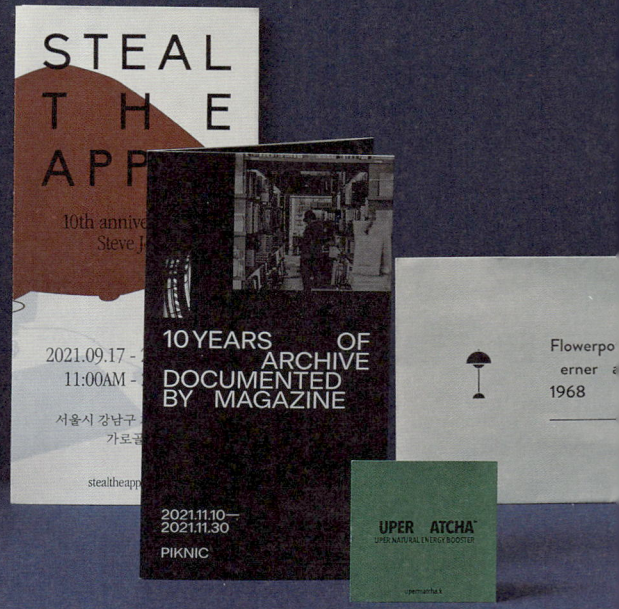

도공 인쇄용지

앞서 소개한 비도공 인쇄용지와 반대로 표면을
가공하는 도공 공정을 거친 종이를 뜻한다. 도공
공정은 중질지 이상의 원지에 광물성 안료와 화학
약품, 접착제, 미세 돌가루 등을 도포하는 코팅
작업이다. 이 과정을 거치면 종이의 평활도와
백색도가 높아져 인쇄했을 때 표면에 잉크가 고루
분배되고, 그 결과 원본에 가까운 색감을 구현하게
된다. 여기에 광택을 높이는 공정을 추가로 거친
것은 광택지, 그렇지 않은 것은 무광택지Matte-
coated로 다시 한 번 분류가 나뉜다.

디지털 인쇄용지

기존의 인쇄용지는 판에 찍어 내는 오프셋 방식으로
인쇄했을 때 가장 좋은 결과물이 나오도록 발전해
왔다. 시간이 흘러 데이터를 전송하던 곧장
결과물이 나오는 디지털 인쇄 방식이 등장했고,
복사기나 프린터, 팩스 등 이를 수행하는 여러
장치가 개발됐다. 디지털 인쇄용지는 이러한 출력
장치에 사용하는 전용지이다. 잉크의 접착력을
높이는 특수 코팅을 더하거나 종이 자체의 물성을
조절해 디지털 인쇄 방식에 최적화된 성능을
발휘한다. 디지털 인쇄시장이 성장함에 따라
잉크젯이나 레이저 프린터, HP 인디고 디지털
인쇄기 등 각각의 장치에 맞춘 전용 종이가 활발히
출시되고 있다.

포장용지

물건을 보관하는 상자나 포장에 사용하는 종이를 일컬어 포장용지 또는
산업용지라 부른다. 내용물을 안전하게 보호하고 운반하기 위해서는
일정한 모양을 유지하면서 적절한 강도를 갖춰야 한다. 이 밖에도 쓰임에
따라 인쇄성이나 차단성, 위생 등 여러 기능이 요구된다. 예전부터 종이
팩이나 박스, 포대 등으로 활발하게 쓰였지만, 최근 플라스틱을 대체하는
소재로 종이가 각광받으면서 다양한 물성이 개발되고 있고 앞으로 더욱
성장할 것으로 예상되는 분야다.

-
골판지

물결 모양으로 골이 나 있는 골심지의 바깥에
라이너지를 합지²⁾해 만든 종이로, 판지와 함께
대표적인 포장재로 꼽힌다. 물품을 포장하는
겉상자나 완충재로 사용하고, 목재보다 저렴하면서
강도가 뛰어나 목재 팔레트나 상자를 대체하기도
한다. 골의 크기와 간격을 기준으로 A골부터
G골까지 종류가 나뉜다.

-
크라프트지

크라프트 펄프³⁾를 원료로 만든 종이로, 거칠고 깔깔한 질감이
특징이다. 섬유질이 길고 질긴 데다 강도와 탄성이 뛰어나
내구성이 요구되는 포장재로 안성맞춤이다. 원래 시멘트나
밀가루, 비료 등 가루 형상의 내용물을 대량으로 포장할
때 사용했으나 최근에는 적용 범위가 넓어져 화장품이나
식품류에도 쓰인다. 크라프트지는 원료의 색상에 따라 종류가
나뉘고 용도도 조금씩 달라진다. 크라프트지 하면 떠오르는
갈색 종이는 표백하지 않은 펄프로 제조한 것으로, 대개 산업용
포장재로 사용한다. 백색 크라프트지는 표백한 펄프로 만들고
제품의 포장재나 쇼핑 봉투, 책자의 표지로 이용한다.

백판지

전면층이 흰색인 판지를 지칭하는 것으로
약품이나 화장품, 제과의 포장재에서 쉽게
볼 수 있다. 단면을 살펴보면 표백화학펄프로
이루어진 전면층과 중간층, 후면층으로 나뉘어
있다. 한국산업표준(KS M 7114)에서는
표백화학펄프를 함유한 비중과 이를 적용한 층을
기준으로 백판지를 AP 판지와 SC 판지, IV 판지의
세 가지 종류로 구분한다(p.76 참고).

박엽지 Tissue paper

평량이 40g/m² 이하로 두께가 아주 얇은
종이를 총칭한다. 어린 과일에 씌워 표면을
보호하거나 문화재와 예술품을 보존하는
등 포장 분야에서 활발히 쓰인다. 대표
지종으로는 유산지 Parchment paper가 있다.
화학펄프로 제조한 종이를 진한 황산에
담가 만든 것으로 반투명하고 매우 얇다.
물과 기름에 모두 강해 버터, 치즈, 육류
등 기름을 함유한 식품이나 제과, 약품을
포장할 때 많이 사용한다.

특수기능지

특수한 기능을 부여할 목적으로 가공한 종이를 말한다. 생산량은 그리 많지 않지만, 시장의 변화에 맞춰 꾸준히 기술이 접목되고 새로운 지종이 개발되는 분야다.

-

트레이싱지 Tracing paper

펄프를 물속에서 오랜 시간 두드려 반투명하게 만든 종이로, 건축설계사무소에서 도면을 대고 그리는 용도로 사용하기 위해 개발되었다. 트레팔지와 혼동하는 경우가 많은데 둘은 서로 다른 재료다. 펄프로 이루어진 트레이싱지와 달리 트레팔지는 필름으로 만들어 표면이 매끄럽고 쉽게 찢어지지 않는다.

-

합성지 Plastic paper, Polymer paper

펄프 대신 폴리에틸렌Polyethylene이나 폴리프로필렌Polypropylene, PVCPoly Vinyl Chloride 같은 플라스틱을 재료로 만든 종이를 뜻한다. 종이와 플라스틱의 물성을 두루 갖춰 인쇄 표현력이 좋으면서 강도와 내수성, 내약품성, 전기절연성도 뛰어나다. 덕분에 일반적인 종이와 달리 본래의 모습을 오래 유지한다. 흔히 유포지라 불리는 폴리아트지가 대표적인 합성지이다. 고밀도 폴리에틸렌(HDPE, High Density Polyethylene)을 원료로 만든 종이로, 인쇄성이 좋으면서 찢어지지 않고 물에 강하다. 그래서 옥외 포스터나 냉동식품의 라벨과 같이 습기에 노출되는 경우에 많이 사용한다. 단점은 잉크의 건조 속도가 느리고 내열성이 떨어지는 편이다.

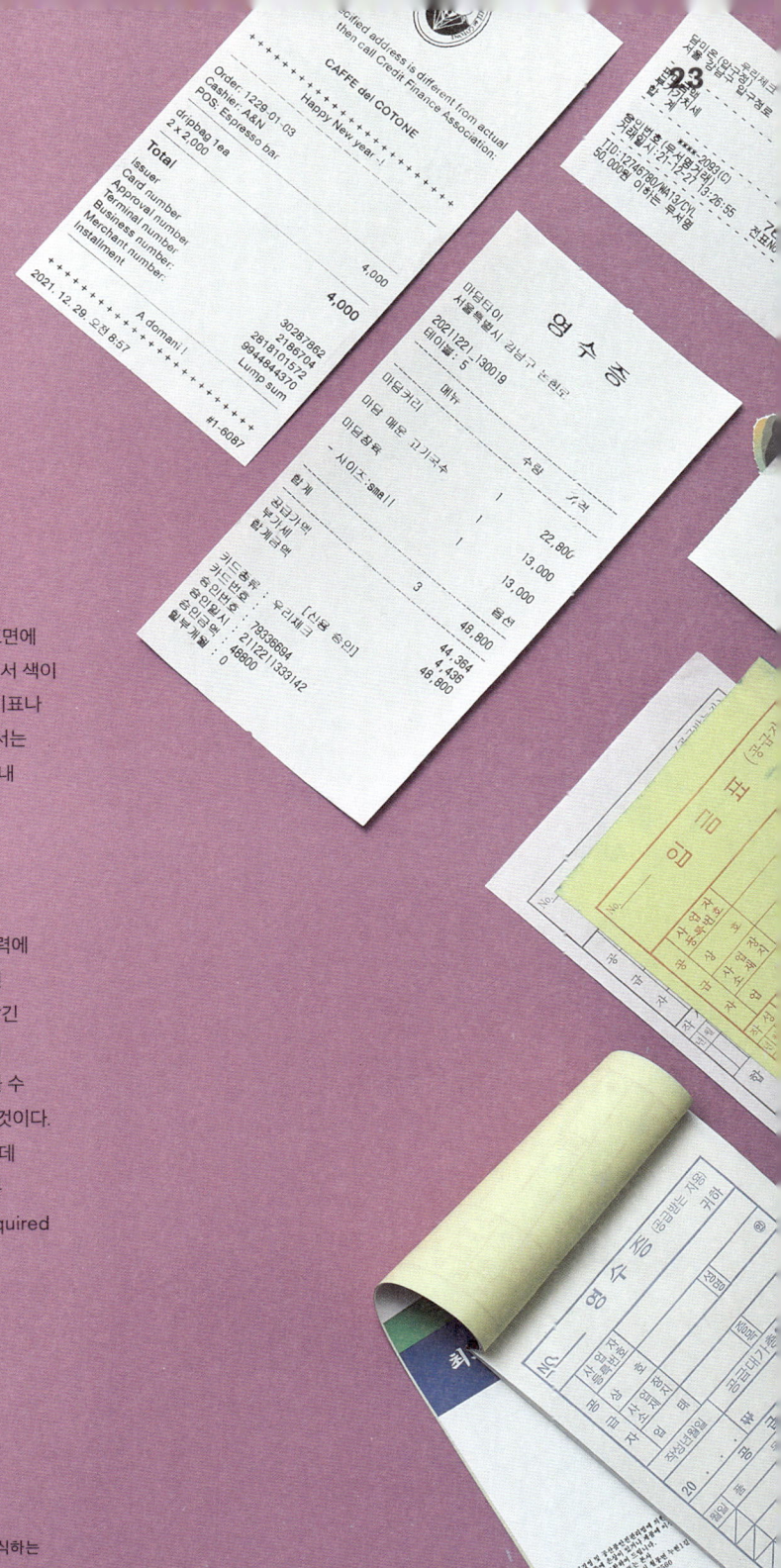

-

감열지

열에 반응하는 감열물질을 코팅한 종이로, 표면에
일정 온도 이상의 열을 가하면 물질이 녹으면서 색이
변해 기록이 남는다. 영수증이나 주차권, 대기표나
티켓에서 흔히 볼 수 있다. 국내 제지사 중에서는
한솔제지가 뛰어난 생산 능력을 보유하며 국내
수요의 대부분을 제조하고 있다.

-

감압복사지 Pressure sensitive paper

감열지가 열에 반응한다면 감압복사지는 압력에
반응하는 종이다. 압력을 가하면 표면에 발린
마이크로 캡슐의 껍질이 터지면서 그 안에 담긴
색소가 종이에 흡착되어 기록을 남긴다. 택배
송장이나 영수증, 거래명세서, 계산서에서 볼 수
있는 노랑색, 분홍색, 하늘색 종이가 바로 이것이다.
예전에는 카본 잉크를 입힌 먹지를 사용했는데
손에 잉크가 묻어나는 단점이 있었다. 지금은
대부분 노카본지(NCR지, No Carbon Required
paper)로 대체되었다.

1) 백색도(Whiteness index, 白色度): 육안으로 인식하는
   흰 정도. 백분율로 나타내며 백색지수라고도 한다.
2) 합지: 종이를 두 장 이상 접합해 강도를 높이거나 특성을
   강화한 제품.
3) 크라프트 펄프: 황화나트륨(Na_2S)과
   수산화나트륨(NaOH)을 약제로 사용해 만든 펄프.

한눈에 보는 종이의 종류

인쇄용지

비도공 인쇄용지

백상지
100% 표백화학펄프로
만들어 품질이 뛰어난
특급 인쇄용지

중질지
표백화학펄프를 40% 이상
사용해 약간의 회색빛을
띠는 중급 인쇄용지

하질지
회색 색감과 거친 질감이
특징인, 신문지로 익숙한 종이

그라비어 용지
충전제를 많이 넣어 무겁고
비침이 없는 그라비어 인쇄
전용지

포장용지

백판지

SC 마닐라
재생펄프를 섞어 앞면은 흰색,
단면의 중간층과 뒷면은
회색인 포장용지

아이보리(IV) 마닐라
앞·뒷면은 하얗고 단면의
중간층에만 재생펄프의
회색이 드러나는 포장용지

로열 아이보리(RIV) 마닐라
천연펄프만 사용해 인쇄
품질과 강도가 뛰어난
고급 포장용지

경면광택지
뛰어난 품질, 거울처럼 반짝이는
광택을 갖춘 화장품과 의약품
패키지의 단골 재료

특수기능지

코팅지

감열지
일정 온도 이상의 열을
가하면 잉크가 입혀지며
기록되는 종이

감압복사지
글씨를 눌러쓰면 뒷장에
색소가 흡착되면서 같은
표시가 남는 종이

박리지
박리성 약품을 코팅해 분리가
쉽게 되는 스티커의 바탕지

도공 인쇄용지

아트지
반짝이는 광택과 뛰어난 인쇄
적성을 지녀 잡지를 인쇄할 때
많이 사용하는 종이

스노우 화이트지
아트지의 한 종류로, 선명도는
덜하지만 대신 은은하고
부드러운 매력이 있는 종이

코트지
아트지의 절반만큼만 코팅을
입혀 얇고 불투명한 종이

MFC지
코팅을 했지만 질감이 백상지에
가까워 눈이 느끼는 피로가
적은 종이

디지털 인쇄용지

복사용지
흔히 A4용지로 알고 있는,
복사기의 단골 재료

컴퓨터 용지
각각의 프린터 특성에 맞춰
제작해 선명한 색감을
구현하는 종이

골판지

골심지와 라이너지를 합지해
만든 겉상자용 종이

크라프트지

거칠고 깔깔한 질감에 강도가
뛰어난 갈색 또는 흰색 포장재

박엽지

유산지
두께가 얇고 물이나 기름에 강해
식품의 포장에 사용하는 종이

합성지

폴리아트지
고밀도 폴리에틸렌을 원료로
해 찢어지지 않고 물에 강한
라벨용 종이

트레팔지
폴리프로필렌으로 만들어
속이 비칠 듯 반투명하면서도
찢어지지 않고 매끄러운 종이

트레이싱지

도면이나 그림을 대고 그리는
용도로 사용하는 반투명하고
얇은 종이

종이의 친환경을 말하다

글 서진호, 이태주
(국립산림과학원 임산소재연구과
임업연구사)

탄소중립 시대에 들어서면서 세계 각국은 플라스틱을 대체할 소재를
적극적으로 모색한다. 그리고 그 중심에는 종이가 있다. 종이는 왜
친환경 재료라 불리는 걸까? 소재를 더 친환경적으로 사용하는 방법은
무엇이고 그 실천은 어떤 변화를 가져올 수 있을까? 전문가의 시선으로
그 답을 찾아본다.

종이는 왜 친환경 소재일까?

종이는 나무로부터 만들어진다. 이 사실 때문에 많은 이들이 소재의 친환경성에
의문을 품는다. 그러나 종이는 천연림이 아니라 조림지에서 체계적으로 관리한
나무를 원료로 한다. 쌀을 얻기 위해 논을 일구듯 계획적으로 숲을 조성하여 종이의
원료가 될 나무를 키우고, 베어낸 자리에는 새 묘목을 심는 것이다. 이렇게 자란
나무는 공인된 기관으로부터 지속가능한 삼림에서 났음을 증명하는 인증을 받고,
이들 목재만이 종이의 재료가 될 기회를 얻는다. 또 나무가 건강하게 자라려면
적정한 크기의 공간이 필요하다. 이를 위해 주기적으로 산림을 솎아주는데, 이렇게
간벌하는 목재 중에서 등급이 낮은 것만을 원료로 사용한다. 결과적으로 나무를
재료로 하지만 그중에서도 낮은 등급을 이용하고, 베어낸 자리에는 더 많은 양을
심어 산림을 살리는 것이다. 우리나라의 산림면적은 1985년 653만ha에서
2015년에는 633만ha로 감소하였으나, 임목축적량은 1억 7900만m³에서
9억 2400만m³로 훨씬 증가하였다. 나무를 이용한 종이 생산이 임목축적량에
영향을 미치지 않음을 확인할 수 있는 대목이다.

종이를 친환경 소재라 할 수 있는 또 다른 이유는 높은 재활용 비율과
생분해되는 물성이다. 우리나라를 기준으로 보면, 플라스틱의 재활용률은 40%가
채 되지 않는 반면, 종이는 78%에 달한다. 게다가 수명을 다한 종기는 땅에 묻으면
자연적으로 분해된다. 한국제지연합회에서 발간하는 「제지계」 548호의 자료에
따르면, 금속 캔은 분해되는 데 50년, 플라스틱은 450년, 비닐은 500~1000년,
유리병은 100만 년이 걸린다. 그에 반해 종이는 대략 6개월 정도면 모두 사라진다.

종이의 친환경성을 높이는 방법

이처럼 종이는 그 자체로도 지속가능한 자원이지만, 업계에서는 제조 과정에서도
친환경을 실천하기 위해 많은 노력을 한다. 무엇보다도 종이의 생산에서 고질적인 문제로
꼽히는 물의 사용에 심혈을 기울인다. 제조 과정에서 사용한 물은 절반 이상을 다시 쓰는
것을 목표로 한다. 이를 위해 폐수를 정화해 다른 공정에 활용하고, 일부 업체는 폐수를
처리하는 과정에서 메탄가스를 생산해 석유화학 기반 물질을 대체하는 에너지원으로
이용하기도 한다.

　친환경을 위한 또 다른 노력은 바로 재활용이다. 특히 우리나라는 폐지 재활용률이
세계 최고 수준이고, 기술 또한 손꼽힐 정도로 우수하다. 폐지가 들어오면 제조사는
이물질을 걸러내는 정선(스크리닝, Screening)과 원심분리, 잉크를 응집시켜 분리하는
부상부유 등의 기술을 병행하여 오염물질을 제거한다. 더불어 분쇄, 분급, 고해 공정을
통해 약해진 섬유의 물성을 개선한다.

　그렇다면 사용자가 실천할 수 있는 방법은 어떤 것이 있을까? 효과적인 재활용을
위해 가장 중요한 것은 폐지의 선별이다. 그러나 우리나라는 폐지가 종류나 등급에
관계없이 섞여 있고, 오염물질도 많이 포함되어 있다. 제지업체의 야적장에 쌓여있는
폐지 더미를 보면 우산이나 마스크, 심지어 기저귀나 밧줄이 발견되기도 한다. 이러한
상황을 방지하고 재활용 효율을 높이기 위해서는 분리수거 체계가 바뀌어야 한다. 일례로
유럽이나 미국, 캐나다와 같은 선진국에서는 별도의 재활용 자원 분리센터를 운영한다.
이곳에서는 종이를 신문용지와 골판지, 인쇄용지 등으로 매우 세분화하여 수거한다.
이렇게 세세하게 분류하는 것은 성질이 비슷한 폐지를 원료로 제조할수록 종이의 품질이
좋아지기 때문이다. 예를 들어 인쇄용지는 강도가 높은 천연펄프를 주재료로 하기에
골판지의 원료로 사용하면 좋을 것 같지만, 실상은 그렇지 않다. 오히려 인쇄용지에 섞여
있는 다량의 무기물이 재생 골판지의 수율[1]이나 품질에 악영향을 미치는 경우가 많다.
이에 환경부에서는 종이를 골판지, 책과 노트, 신문용지, 음료팩과 종이컵, 종이 가방의
다섯 가지 종류로 구분해 배출하기를 권고한다. 최근에는 지자체에서도 분리수거를
세분화하려고 시도하며 사회 전반적으로 재활용에 대한 인식이 변화하는 추세다.

새로운 소재로의 진화

플라스틱 사용에 대한 규제는 상대적으로 친환경 소재인 종이에게 기[1]회로
작용한다. 변화에 힘입어 종이는 '정보전달 매체'라는 기존의 개념에서 벗어나
'다양한 형태로 사용하는 소재'로 쓰임을 확장하고 있다. 첫 번째 방법은 다른
물질을 화학적으로 결합시키는 유도체화를 통해 기능성 소재로 바꾸는 것이다.
예를 들어 종이의 원료인 셀룰로오스를 카르복시메틸이나 하이드록시프로필메틸
유도체로 변환하면 흡수성과 점성이 높아진다. 이 물질로 안약용 용액을 만들면
통증을 더 빠르게 가라앉힐 수 있다. 또 이소프로필메틸클로로실란 유도체화를
거치면 셀룰로오스의 친수성이 소수성[2]으로 바뀌어 물에 쉽게 젖지 않는 종이를
만들 수 있게 된다. 이 밖에도 여러 유도체화를 실험해 다양한 분야에 응용을
도모하는 중이다.

두 번째 방법은 코팅이다. 종이는 표면을 코팅하는 방식으로 산소와 수분을
차단하고 새로운 기능을 입힐 수 있다. 일회용 식음료 용기의 원지를 만드는
제조사에서는 이 점을 활용해 기존의 코팅 물질인 석유화학 기반의 폴리에틸렌을
생분해성 고분자로 대체하고 제품을 상용화하는 단계에 이르렀다. 이 밖에 전분과
같이 재활용성과 생분해성을 높여줄 코팅 물질을 찾거나 더 나아가 펄프 섬유를
나노미터 단위로 작게 분해해 만든 나노셀룰로오스나 펄프의 제조 과정에서
발생하는 부산물인 리그닌을 복합소재로 활용하는 연구 또한 활발히 이어지고
있다.

친환경 실천이 가져올 변화

종이 1t을 재활용하면 30년생 나무 17그루를 살리고, 이산화탄소를 500만t
이상 줄일 수 있다. 재활용률을 1% 높이는 것은 30년생 소나무 75만 그루를 심는
것과 같은 효과를 낸다. 우리가 종이를 사용하고 분리수거를 하면, 재활용을 거쳐
다시 종이로 돌아온다. 이러한 과정에 참여하는 것만으로도 지구환경을 지키는
데 조금이나마 힘을 보태게 된다. 어떤 소재든 과도하게 사용하면 환경에 해롭다.
그러나 환경에 얼마만큼의 영향을 미치는 소재를 사용할 것인지는 아직 우리가
선택할 수 있는 영역이다. 숲을 건강하게 가꾸기 위해 베어지는 나무에 다시금
생명력을 불어넣어 만든 종이, 그 친환경성에 대해 생각해 볼 때다.

1) 수율: 투입 수에 대한 완성된 양품의 비율로, 불량률의 반대어이다.
2) 소수성: 친수성의 반대말로 물에 대해 친하지 않은 성질, 즉 물과 화합되지 않는 성질을 의미한다.

서진호, 이태주(국립산림과학원 임산소재연구과 임업연구사)
서진호와 이태주는 국민대학교에서 임산공학을 전공하였고, 펄프와 종이 연구로 동
대학원에서 박사학위를 받았다. 두 연구사는 현재 국립산림과학원의 펄프제지연구실에서
펄프·종이 기반의 소재를 함께 연구, 개발하고 있다.

종이 회사가 추천하는 친환경 종이 7선

-
자료 제공 두성종이, 무림, 삼화제지, 한솔제지

두성종이에서 추천하는
E-보드 E-Board

여덟 겹으로 이루어진 다층 구조의 보드 제품으로, 재생펄프를 70% 이상의 높은 비율로 함유해 독보적인 친환경성을 확보했다. 하얀색, 회색 등의 기본 색상부터 원색과 파스텔 계열까지 종류가 많고 평량이 다양해 선택의 폭이 넓다. 초대장이나 명함, 문구용품에 사용하고 특히 패키지 용지로 추천한다.

삼화제지에서 추천하는
페이퍼백 30 Paperback 30

FSC 인증을 받은 펄프와 무염소 표백펄프를 원료로 하고 재생펄프를 30% 이상 함유해 환경부의 친환경 인증을 받았다. 뛰어난 인쇄성과 가공성이 강점으로 인쇄물이나 쇼핑백, 패키지에 사용한다.

두성종이에서 추천하는
문켄디자인 Munken Design

두터운 볼륨감을 자랑하는 비도공지이다. 중성지라 처음의 모습을 오래 유지하고 인쇄적성이 뛰어나 출판물에 추천한다. 제지사에서는 무염소 표백펄프를 사용하고 자가 바이오 연료 화력발전을 도입해 탄소배출량을 7만 5000t 가까이 줄였다. 이를 바탕으로 제조 과정에서 탄소중립을 실현하여 FSC 인증을 비롯해 여러 친환경 인증을 받았다.

한솔제지에서 추천하는
인스퍼 에코 INSPER Eco

재생펄프를 30% 이상 함유하고 무염소 표백펄프를 사용해 환경표지 인증을 받은 종이다. 특화된 코팅 기술을 적용해 재생지임에도 인쇄가 선명하고 따뜻한 질감과 부드러운 감촉이 살아있다. 덕분에 화보집이나 카탈로그부터 명함, 초청장, 패키지까지 용도를 가리지 않고 다양하게 쓰인다.

삼화제지에서 추천하는
랑데뷰 에코 Rendezvous Eco

국내 러프글로스지 시장에서 점유율이 가장 높은 종이인 랑데뷰의 친환경 버전이다. FSC 인증을 받은 펄프와 30% 이상의 재생펄프로 제조해 환경부의 인증을 받았다. 특수한 코팅 방식을 도입해 색을 선명하게 구현하고 잉크의 건조가 빨라 작업성이 높다. 카탈로그나 달력 등 인쇄물에 사용한다.

무림에서 추천하는
아티젠 그린 Artizen Green

제조 과정에서 에너지와 자원을 적게 사용하고 오염물질을 최소한으로 배출해 환경표지 인증을 받은 종이다. 화려한 색감을 생생하게 구현하고 잉크의 건조가 빨라 작업성이 뛰어나다. 출판물을 비롯해 화보, 달력이나 앨범, 카드, 명함 등의 인쇄물에 사용한다.

무림에서 추천하는
네오스타백상 Neostar uncoated paper

제조 공정에서 배출하는 탄소의 양이 매우 적어 국내에서 생산하는 백상지 중에서는 유일하게 환경부의 저탄소제품 인증을 받았다. 생펄프를 사용해 섬유질이 살아 있고 지질이 뛰어나 인쇄물의 내지, 필기용지로 활발하게 쓰인다.

종이산업의 현황과 미래

3차 산업혁명으로 종이시장의 판도가 크게 바뀌면서 업계는 부지런히 돌파구를 찾는다. 최근 종이산업의 변화를 살피며 앞으로의 가능성을 내다보는 자리를 마련했다.

-

글 **성기태**(한국제지연합회 팀장)

종이산업에 대한 이해

종이산업은 크게 펄프제조업과 종이·판지제조업으로 나뉜다. 전자는 식물로부터 추출한 섬유소를 이용해 종이의 원료인 펄프를 만드는 산업이다. 후자는 펄프나 폐지로 종이와 판지를 만들거나 이를 이용해 제품을 생산하는 산업으로, 용도에 따라 문화용지와 산업용지로 구분한다. 문화용지는 단층으로 이루어진 지류다. 주로 문화산업에 쓰이고, 신문용지와 인쇄용지가 대표적이다. 산업용지는 종이를 여러 층으로 겹친 판지이다. 대개 농산물이나 공산품의 포장재로 사용하고, 외관을 기준으로 백판지와 골판지, 기타 판지로 세분한다.

국내 제지산업의 이슈와 업계의 대응

변화하는 종이시장

IT 기술의 발달로 디지털 미디어가 보편화되면서 정보를 기록하고 전달하는 용도로 사용하던 종이의 수요는 크게 줄어들었다. 2020년 한 해 동안 생산된 신문용지의 양은 57만t으로, 170만t이었던 2000년과 비교하면 70% 가까이 감소했다. 반면 포장재인 백판지와 골판지의 수요는 매년 가파르게 성장한다. 택배 상자로 대표되는 골판지 원지는 같은 기간 동안 270만t에서 580만t으로 두 배 이상 증가했다. 이 같은 변화는 우리나라뿐 아니라 전 세계적으로 나타난다. 제지 강국인 미국에서는 골판지 원지 생산량이 3천만t으로 1천만t인 인쇄용지보다 3배 더 많다. 위생용지 또한 2020년 기준 소비량이 약 68만t에 달하며 2010년보다 50% 이상 증가했다. 코로나바이러스 감염증19 코로나19로 위생과 보건에 대한 관심이 높아지면서 수요는 계속해서 늘고 있다.

수요 구조의 변화에 대처하는 제지산업

① 문화용지: 친환경성 강화와 지종 전환

급격히 변하는 수요 구조를 실감한 제지업계에서는 새로운 생산 체제를 모색한다. 그중에서도 감소 폭이 큰 문화용지는 두 가지 방향으로 변화를 시도한다. 첫 번째는 친환경성을 강화하는 것이다. 친환경에 대한 소비자의 관심이 늘면서 업계에서는 재생펄프 비중을 높인 재생지의 제품군을 확대하고, FSC[1] 같은 국제 기관으로부터 인증을 받은 펄프를 사용하고 있다. 두 번째는 생산 지종을 변경하는 것이다. 최근 10년간 생산량이 70% 가까이 떨어진 신문용지 제조사는 제품군을 골판지 원지로 바꾸는 추세다. 일부는 인쇄용지 설비를 백판지나 특수지 중심으로 전환하기도 한다.

특수지 1% (135t)
포장용지 2% (227t)
기타판지 2% (246t)
신문용지 5% (570t)
위생용지 5% (583t)
백판지 13% (1,469t)
인쇄용지 21% (2,321t)
골판지 51% (5,783t)

2020년 지종별 비중(%) 및 생산량(t)

지종별 생산량 추이(단위: 천t)

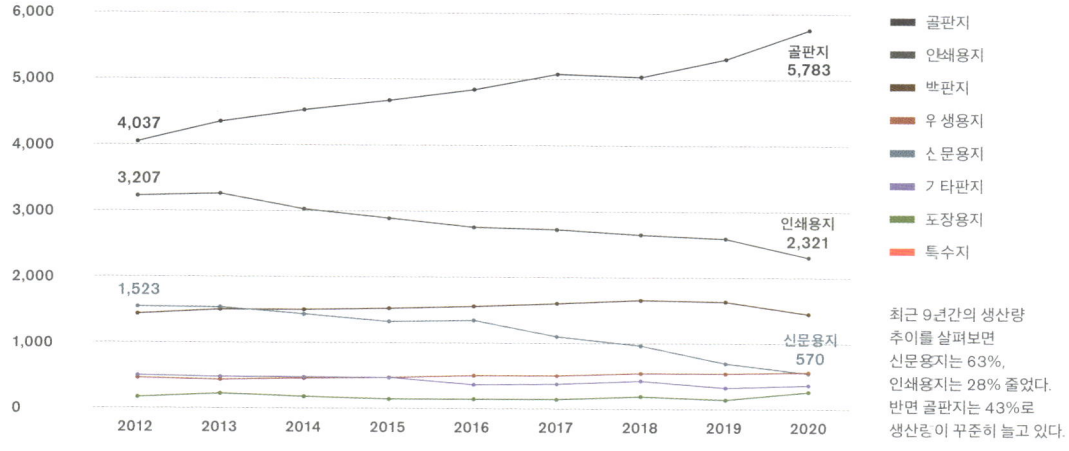

- ■ 골판지
- ■ 인쇄용지
- ■ 박판지
- ■ 우 생용지
- ■ 신문용지
- ■ 기 타판지
- ■ 도장용지
- ■ 특수지

골판지 5,783

인쇄용지 2,321

신문용지 570

4,037

3,207

1,523

최근 9년간의 생산량 추이를 살펴보면 신문용지는 63%, 인쇄용지는 28% 줄었다. 반면 골판지는 43%로 생산량이 꾸준히 늘고 있다.

② 산업용지: 플라스틱을 대체하는 종이 신소재

환경문제가 전 세계 공통의 숙제로 대두되면서 재활용이 가능하고 폐기하더라도 쉽게 분해되는 종이가 플라스틱의 대체재로 떠올랐다. 그 활용이 가장 두드러지는 분야는 단연 포장산업이다. 특히 식품 포장 분야에서는 차단성을 높여 플라스틱을 대체하려는 연구가 한창이다. 일례로 독일의 제지사 쾰러Koehler은 양면을 코팅해 재활용률이 낮은 기존 종이 포장재의 단점을 보완하기 위해 한 면만 코팅해도 밀폐 효과가 뛰어난 넥스코트Nexcoat를 개발했다. 이 제품은 표면을 하얗게 만드는 물질인 형광증백제의 함유량을 줄여 과자나 파스타, 티백 같은 식품 포장재로 사용할 수 있다. 국내 제지업계에서도 종이 소재의 연포장재를 활발히 개발한다. 대체 제품군을 늘리기 위해 내수성과 인쇄적성을 강화하는 연구도 이루어지고 있다.

국내 제지산업의 과제: 불안정한 원료 수급

우리나라는 2019년 1인당 종이 소비량이 190.7kg을 기록하며 세계 7위를 차지할 정도로 많다. 반면, 펄프 생산량은 그에 비하면 매우 적다. 불균형한 산업구조의 가장 큰 원인은 기후다. 주요 펄프생산국으로 꼽히는 인도네시아는 아열대기후라 7년만 조림해도 벌목이

가능할 정도로 나무가 빠르게 성장한다. 그에 비해 우리나라는 온대기후라 성목(成木)이 되려면 30년 이상의 시간이 필요하다. 목재 순환율이 상대적으로 낮다 보니 가격도 비싸다. 그래서 사용량의 70%는 카나다와 미국, 북유럽, 인도네시아 등의 국가에서 수입한다. 그러나 코로나바이러스 감염증19로 펄프 수입이 제한되면서 제지업계는 원료를 수급하지 못해 어려움을 겪고 있다. 설상가상으로 2019년 하반기부터 해상으로 이동하는 물자의 양이 급격히 늘고, 운임이 오르면서 선박을 확보하지 못해 종이 제품을 수출하는 데에도 차질을 빚고 있다.

이에 업계에서는 폐지를 원료로 사용하는 시도를 보인다. 실제로 2020년 국내에서 생산된 종이·판지류 1130t 중 80%는 폐지를 주원료로 만들어졌다. 그러나 폐지를 이용한 종이는 재활용 과정에서 이물질이 섞여 높은 품질을 구현하기 어렵다. 펄프 자급률이 낮고 종이 소비량이 많은 국내의 종이시장을 유지하기 위해서는 이러한 문제가 개선되어야 한다.

1) FSC(Forest Stewardship Council): 1993년 설립된 국제 비영리 협회로, 삼림관리협회라고도 부른다. 책임 의식 있는 방식으로 관리되는 숲에서 생산된 제품이 인증을 부여하여 소비자들이 믿을 수 있는 목재와 임산물을 직접 확인하고 구입하도록 돕는다.

한국제지연합회
1952년 펄프제조업과 종이·판지 제조업의 발전을 위해 설립된 단체이다. 월간 「제지계」를 발간하고 종이시장의 동향을 파악하는 등 국내 종이산업의 경쟁력을 높이기 위해 힘쓴다.

Makers

국내 제지업체 취재기

그간 제지산업은 성장기에서 정체기, 쇠퇴기를 거치며 계속 수요가 줄거 왔으나
최근 종이가 플라스틱을 대체하는 소재로 주목받으면서 반등할 기회를 얻었다. 이에
업체들은 제조와 연구 개발, 마케팅까지 각자의 분야에서 동분서주하며 활로를
개척하고 있다. 국내를 대표하는 제지사에서 바로 지금 일어나는 변화들을 취재했다.

다양한 지종으로
승부하다

한솔제지는 우리나라를 대표하는 제지사로, 현재 대전과 장항, 신탄진과 천안 네 곳에
공장을 두고 다양한 지종을 생산하고 있다. 제조사 중에서는 이례적으로 기업과의
협업이나 문화사업을 다양하게 전개하는 것이 특징이다.

인터뷰 정경화
인터뷰이 한솔제지 마케팅팀 양종명 상무
중앙연구소 서동준 연구소장, 국내영업팀 송주현 책임
사진 제공 한솔제지

감씨(감): 최근 종이의 수요는 어떻게 바뀌고 있으며, 이에 대응해 어떤 변화를 도모하고 있나?

양종명(양): 인쇄용지는 매년 5%씩 수요가 줄어든다. 전화번호부와 지도책 등 이미 많은 인쇄물이 사라지거나 디지털로 전환되었다. 참고서나 문제집 같은 교육용 서적의 수요도 크게 줄었다. 이러한 변화를 반영해 장항공장과 신탄진공장에서는 인쇄용지와 감열지를 유연하게 생산하는 스윙생산체제를 구축했다. 팬시지도 마찬가지다. 국내시장은 이미 포화 상태라 해외에서 판로를 찾으려 한다. 최근에는 아이돌 화보나 사진집 등 K-콘텐츠 산업이 그나마 힘이 되어주고 있다.

반대로 포장 분야와 특수지는 앞으로가 더 기대되는 시장이다. 요즘에는 팬시지도 포장재로 쓰는 경우가 많다. 또한 IT 기술이 발달하면서 다양한 기능을 갖춘 특수지가 등장하고 시장이 계속 커지고 있다.

서동준(서): 연구소의 업역도 시장의 변화에 맞추어 계속 바뀐다. 2000년대 이전에는 기존의 설비와 공정을 개선하는 과제를 주로 수행했다면 2010년 이후로는 방향을 바꿔 플라스틱을 대체하는 포장재를 개발하거나 신소재를 연구하는 등 미래 사업에 집중하고 있다. 그 결과 예전에는 20% 정도였던 신사업의 R&D 비중이 지금은 절반 가까이에 달한다.

감: 인쇄용지와 산업용지, 특수지 등 여러 제품군을 생산한다. 그중에서 특히 주력하는 분야가 있나?

양: 어느 하나에 특화하기보다는 모든 분야에 골고루 집중한다. 2020년 매출액의 비중을 살펴보면, 인쇄용지가 37%, 산업용지가 33%, 감열지를 비롯한 특수지와 팬시지가 30% 정도로 크게 차이가 없다. 오히려 다양한 지종을 두루 생산하는 것이 우리의 강점이다.

감: 대전을 비롯해 장항, 신탄진, 천안 네 곳에 공장을 두고 있다. 각 공장에서는 어떤 제품을 생산하나?

양: 대전공장에서는 포장용지인 판지류를 연간 70만t 정도 생산하고, 신탄진과 장·항 공장에서는 인쇄용지와 감열지를 85만t가량 생산한다. 감열지는 특수 약품 처리를 해 일정 온도 이상의

열이 가해지면 발색되는 종이인데, 전 세계에서도 우리가 매우 특화한 것으로 손꼽히는 분야다. 생산 가능한 역량이 커 원가가 저렴하고 코팅 기술에도 여러 강점을 보유하고 있다. 그 결과 생산량의 90% 가까이를 수출하며 세계 선두 업체 중 한 곳으로 자리잡고 있다.

천안공장은 팬시지와 전사지를 비롯해 특수지를 담당한다. 연간 10만t가량을 생산하며 국내 특수지 시장 1위를 유지하고 있다.

감: 유독 제지업계에서 친환경이 중요한 이슈다. 이유가 뭔가?

양: 종이가 분해되지 않는 플라스틱을 대체할 수 있는 유일한 재료이기 때문이다. 플라스틱만큼의 품질을 발휘하기는 어렵지만, 환경을 생각하는 이들에게는 충분히 훌륭한 대안이다. 플라스틱을 더 효과적으로 대체하기 위해 소재를 개발하고 품질을 끌어올리는 중이다. 어찌 보면 제지산업에는 기회다.

서: 친환경 소재는 연구소에서도 가장 많은 힘을 기울이는 분야다. 특히 100% 생분해되는 물질이나 자연에서 난 천연 재료를 접목해 이미 개발된 제품을 더 친환경적으로 개선하는 연구를 중점적으로 수행한다.

감: 한솔제지에서 개발한 플라스틱 대체 제품으로는 테라바스와 프로테고가 있다.

서: 두 소재 모두 플라스틱 포장재를 대체하기 위해 개발되었지만 물성이나 쓰임새에 차이가 있다. 우선, 프로테고는 말랑말랑한 물성의 연포장재다. 차단성과 보존성이 뛰어나 화장품과 식품, 생활용품 분야에 적용한다.(p.84 참고). 반면 테라바스는 종이컵을 비롯해 물성이 딱딱한 일회용 포장용기를 대체하는 용도로 쓰인다. 일반적으로 종이컵은 방수 성능을 더하기 위해 폴리에틸렌을 코팅하는데, 이 때문에 재활용과 자연 분해가 어렵다. 우리는 동일한 기능을 수행하면서 쉽게 분해되는 수성 코팅 기술을 개발했다. 이 코팅을 일회용 포장용기의 원지에 적용한 것이 테라바스다. 덕분에 종이의 장점인 재활용과 생분해성을 유지하면서도 폴리에틸렌과 비슷한 수준의 내수성은 물론 내열성까지 발휘한다.

양: 작년 3월부터 배달의민족의 식자재 쇼핑몰인 배민상회에서 테라바스 용기와 컵을 판매하고 있다. 이 밖에도 카페나 밀키트 브랜드와 협업해 적용 범위를 계속해서 넓히는 중이다.

1

1
한솔제지 천안공장에서는 팬시지, 기능지, 전사지 등 다양한 특수지를 생산한다.

2
폴바셋에서는 2021년 말부터 전 매장에서 테라바스 종이컵과 빨대를 사용하고 있다.

3
이디야 커피에서는 2021년부터 식음료 용기에 테라바스를 일부 적용하고 있다.

감: 친환경을 위해 또 어떤 노력을 하고 있나?

송주현(송): 귤 껍질이나 알로에 등 쓰임을 다한 천연 소재를 원료로 소재지를 개발했다. 이를 바탕으로 2014년에는 화장품 브랜드인 이니스프리와 협업해 제주감귤지를 선보였다. 친환경 재생펄프에 버려지는 귤 껍질 분말을 혼합해 만든 종이로, 패키지에 적용해 소비자에게 많은 호응을 받았다. 최근에는 롯데와 협업해 카카오 부산물로 판지를 제작하고 이를 초콜릿의 패키지로 활용하기도 했다.

서: 목재 기반의 신소재를 활발히 연구한다. 목재에는 펄프 외에도 끈적한 수지 성분인 리그닌을 비롯해 여러 물질이 있다. 이들의 물성을 파악해 석유화학 기반의 플라스틱을 대체하고 2차 전지, 바이오 필러 등으로 사용하는 방법을 개발하고 있다.

감: 한솔제지에서는 인스퍼라는 브랜드로 무늬지, 색지 등 여러 지종을 한데 모아 소개한다. 브랜드를 기획한 과정이 궁금하다.

송: 자사에서는 다양한 종류의 팬시용지를 선보이고 있지만, 제각기 이름이 다르고 통일된 콘셉트가 없다 보니 인지도가 낮은 편이었다. 이를 단일 콘셉트로 통일하고 인지도를 높이기 위해 만든 패밀리 브랜드가 바로 인스퍼다. 인스퍼는 인스파이어링과 페이퍼의 합성어로 사용자에게 영감을 준다는 의미가 담겼다. 색지와 무늬지, 다른 소재를 섞어 만든 혼모지, 펄지 등으로 종류가 다양하고 인쇄부터 패키지까지 두루 적용이 가능하다. 브랜드를 론칭한 후에는 종이가 더 친숙한 존재가 될 수 있도록 티정기 간행물인 <가지加紙>나 인스퍼 어워드 등의 여러 활동을 이어가는 중이다.

한솔제지

1965년 새한제지를 인수하여 1968년 10월 1일 첫 제품을 출시한 이래 종이를 통해 문화와 경제 발전에 기여해 온 국내 최대 종합제지사다. '종이는 문화를 담는 그릇이다'라는 사명감을 갖고 종이박물관과 미술관으로 이루어진 뮤지엄 산, 국내 최초 페이퍼 디자인 어워드인 인스퍼 어워드 등 다방면의 문화 사업을 전개하며 소비자에게 종이의 가치를 알리는 데에 앞장서고 있다.

www.hansolpaper.co.kr

종이의 내일을
준비하다

무림은 국내에서 유일하게 종이의 원료인 펄프까지 제조하는 제지사다. 최근에는
종이와 펄프를 바탕으로 생활에 가치를 더하는 다양한 방식을 제안하며 친환경 소재
기업으로의 변신을 도모하고 있다.

감씨(감): 진주와 울산, 대구 세 곳에 공장을 두고 있다. 각 공장에서는 어떤 제품군을 생산하나?

이형근(이): 진주공장은 인쇄용지의 주요 생산 기지다. 팬시지나 디지털 용지를 비롯한 프리미엄 라인과 친환경 제품인 네오포레를 만든다. 울산공장은 펄프와 범용 인쇄용지를 담당한다. 목재칩으로 펄프를 제조하고 여기에 초지와 가공, 완정 공정을 거쳐 종이를 완성한다. 목재칩에서 나온 부산물은 생산 과정에서 필요한 스팀과 전기에너지를 만드는 연료로 이용한다. 펄프부터 종이까지 한 곳에서 제조하는 일관화 시스템이라 생산량이 많고 그만큼 원가절감량이 높은 것이 강점이다. 마지막으로 대구공장에서는 항균지, 벽지, 투표용지, 전사지 등 다양한 종류의 특수용지를 생산한다.

감: 국내에서는 유일하게 펄프를 제조하는 것이 특징이다.

이: 원가 경쟁력이나 친환경성 등 자사의 강점은 대부분 펄프를 생산하는 것에서 비롯된다. 본래 펄프는 죽처럼 흐물흐물한 형상이라 무게가 무겁다. 그래서 운반할 때는 딱딱하게 건조해 가벼운 상태로 들여오고 제품을 만들 때 다시 물에 풀어서 쓴다. 국내 제지사는 대개 이러한 방식으로 운영한다. 반면 우리는 목재칩에서 섬유를 뽑아 직접 펄프를 제조하고, 이송관을 거쳐 바로 종이의 원료로 사용한다. 나머지 공장에서도 이곳에서 생산한 펄프로 종이를 만든다.

감: 건조하지 않은 펄프로 종이를 만들었을 때의 장점은 무엇인가?

이: 강도가 훨씬 뛰어나다. 종이는 굉장히 작은 섬유질이 얼기설기 얽혀 만들어진 고분자 결정체로, 섬유질이 끊어지지 않을수록 품질이 높다. 그런데 펄프를 건조하면 섬유질이 끊어지고 강도가 5~10%씩 떨어진다. 한번 강도가 떨어지면 다시 물에 넣어도 회복되지 않는다. 우리는 생펄프를 그대로 사용해 종이 자체의 섬유질이 살아 있고, 그 결과 더 좋은 품질을 발휘한다.

인터뷰 **정경화**
인터뷰이 무림 마케팅팀 이형근 팀장
무림P&P 품질보증2파트 황현수 과장

감: 종이를 만드는 전 과정에서 품질을 좌우하는 핵심 공정을 꼽는다면?

황현수(황): 원지를 만드는 초지 공정이 가장 중요하다. 강도와 평량, 두께, 질감 등 종이의 기본 물성은 모두 이 단계에서 형성된다. 특히 섬유가 고르게 분포하는지, 그리고 지압이 얼마나 잘 조성되는지가 관건이다. 가공 공정에서 아무리 성능을 강화하더라도 기본기가 발휘하는 힘을 뛰어넘을 수는 없다.

감: 제조 공정에서 완성도를 높이는 노하우가 있나?

황: 초지와 가공, 완성 공정을 마칠 때마다 평량과 강도, 색상과 질감, 마지막으로 광택까지 다섯 가지 요소의 품질을 검사하며 완성도를 높여 나간다. 우선 종이는 일정한 무게를 만드는 것이 가장 중요하기에 평량을 먼저 확인한다. 강도는 찢어짐에 저항하는 인열 강도와 인장 강도, 여러 번 접었다 펴도 터지지 않고 버티는 내절 강도Folding endurance, 앞·뒷면이 분리되지 않고 버티는 정도를 나타내는 내부결합 강도를 검사한다. 이 밖에 현미경으로 표면에 주름이나 이물질이 없는지 살피고 방사선으로 공정 중간중간에 품질을 확인하기도 한다. 검사 결과가 내부 기준과 다르면 설비가 자동으로 설정값을 조정해 품질을 맞춘다.

감: 앞서 울산공장에서는 펄프 제조 과정에서 나온 부산물을 연료로 사용한다고 소개했다. 구체적으로 어떤 물질인가?

이: 가마솥처럼 커다란 통에 목재칩을 넣고 푹 찌면 흐물흐물해지면서 펄프를 비롯해 여러 물질이 추출된다. 우리는 그중에서도 흑액이라는 물질을 사용한다. 흑액은 이름 그대로 까만 색을 띠는 액체인데, 휘발유처럼 타는 성질이 있어 에너지원으로 쓸 수 있다. 울산공장에서는 흑액을 연소시켜 전기와 스팀 에너지를 만든다. 전기에너지는 펄프 공장을 가동할 만큼의 양이고, 스팀에너지는 펄프와 종이를 건조하는 공정에 이용한다. 이렇게 해서 연간 90만t에 달하는 양의 이산화탄소를 줄이고 있다. 이러한 성과를 인정받아 2013년에는 한국환경산업기술원의 저탄소 인증을 획득하기도 했다. 온실가스 감축이 월등한 제품에 부여하는 것으로 국내 제지사 중에서는 최초다.

감: 제지사에서 소재 기업으로 도약을 준비 중이다. 변화를 택하게 된 이유는?

이: 국내에서는 펄프를 종이의 원료로만 활용하지만, 해외에서는 옷감이나 섬유는 물론 국수 면이나 바닐라 향, 당뇨병 치료제까지 만든다. 심지어 퍼먹는 아이스크림에도 형상을 유지하는 용도로 펄프를 첨가한다. 이처럼 펄프는 그 활용 영역이 무궁무진한 소재다. 또 한 가지 계기는 친환경이다. 모든 산업에서 친환경 소재로의 전환이 이루어지고 있으며, 나날이 그 속도가 빨라진다. 종이와 펄프는 생분해가 가능한 천연 소재라 이미 어느 정도 친환경성을 확보했고 앞으로 더 활발하게 쓰일 것이다. 우리는 제지업을 바탕으로 친환경 소재에 집중해 새로운 수요를 창출하고자 한다.

1
무림P&P 울산공장 전경.

2
초지 공정을 마친 종이를 코팅하고 있는 모습.

3
충무로에 위치한 무림갤러리. 종이를 주제로 세미나를 운영하고 공간 대여, 제품 구매도 가능하다.

1

2

감: 이러한 변화에 맞춰 새롭게 출시한 제품이 있나?

이: 종이는 네오포레, 펄프는 펄프 몰드가 대표적이다. 네오포레는 플라스틱을 대체하는 종이 포장재이다. 기존에 쓰였던 폴리에틸렌 대신 수용성 코팅제를 적용해 동일한 기능을 수행하면서 폐기하면 자연적으로 분해된다. 종이컵을 시작으로 빨대, 포장용 완충재에 이 기술을 접목하며 활용 범위를 늘리고 있다.

펄프 몰드는 펄프를 고온고압으로 압축해 만든 것으로, 식품이나 전자기기, 화장품 분야에서는 이미 활발히 쓰이는 포장재다. 이들 대부분은 물에 녹인 폐지를 틀에 찍어서 제작하는데, 우리는 자사 공장에서 제조한 펄프를 그대로 사용해 훨씬 깨끗하다. 또한 생펄프는 고온압착했을 때 강도가 더 잘 발현된다. 건조펄프로 만들었을 때와 비교하면 강도가 1.5배에서 많게는 2배 이상 더 높다. 현재 울산공장에 펄프 몰드 전용 설비를 구축했고 2022년 상반기에 제품을 출시하는 것을 목표로 준비 중이다. 이 밖에도 목재에서 추출한 여러 물질을 바탕으로 신소재를 부지런히 연구한다.

감: 개발 중인 신소재 중 건축 분야에서 활용하는 것도 있나?

이: 펄프를 곱게 분쇄해 만든 소재인 펄프파우더Pulp powder는 다른 재료와 단단히 결속하는 성질을 지녀 건설과 건축 분야에서 활발하게 쓰인다. 건설 분야에서는 SMAStone Mastic Asphalt 공법으로 아스팔트를 시공할 때 첨가제로 사용한다. 펄프파우더는 골재가 잘 맞물리도록 도와 강도를 높이고, 아스팔트가 흘러내려 변형되는 것을 막아준다. 입자가 얽히면서 공극이 좁아져 소음을 줄이는 효과도 있다. 이 밖에도 콘크리트나 벽돌, 단열재를 시공할 때 첨가하면 수축과 균열이 줄어들고, CRC 보드(p.97 참고) 의 제조 과정에서 인체에 유해한 기존 화학 성분을 대신해 강도를 높이는 물질로 이용하기도 한다.

종이의
제조 과정

무림P&P 울산공장에서는 폭이 8.7m에 달하는 종이를 분당 1400m의 속도로 생산한다. 달리는 자동차에 버금가는 속도로 3차선 도로의 폭보다 넓은 종이를 만드는 셈이다. 바로 그 공장에서 인간이 다룰 수 있는 규모를 넘어 하얀 종이가 끝없이 쏟아져 나오는 장관을 마주했다.

1 초지

성형 종이의 형상을 만드는 단계다. 펄프에 충전제를 비롯한 여러 약품과 물을 고루 섞은 다음, 헤드박스라는 기계를 이용해 와이어 망 위에 얇게 분사한다. 사출이 끝나면 프레스로 압착해 표면을 평활하게 만들고 수분을 말린다.

건조 드라이어를 통과하며 펄프에 남아있는 수분을 증발시킨다. 천천히 오래 건조할수록 원료가 뭉치지 않고 균일하게 퍼지면서 지층을 고르게 형성한다.

전분 코팅과 건조 종이의 표면에 전분을 코팅해 섬유 사이에 있는 미세한 공극을 메운다. 이후 다시 한 번 더 건조하여 남은 수분을 제거한다. 이렇게 완성되는 지종이 백상지다.

2 가공

코팅 초지 공정을 거쳐 만든 종이에 코팅액을 도포해 표면의 질감과 평활도를 개선한다. 한쪽 면에 공정을 두 번 거치면 더블 코팅, 한 번만 하면 싱글 코팅이라 한다.

슈퍼 캘린더 종이의 매끄러움과 광택을 높이는 공정이다. 120~150℃의 뜨거운 롤로 다림질하듯이 종이를 눌러 조직을 더 치밀하게 만든다. 총 11개의 롤이 있고 여러 번 거칠수록 광택이 강해진다.

3 완정

재단과 포장 제조가 끝난 종이를 정해진 규격대로 재단하고 포장하는 단계다. 주문에 맞춰 시트 형태로 자르거나 그대로 롤로 감아 공급한다.

소재에서
친환경을 시작하다

목재에서 추출한 성분은 천연 재료인 데다 생분해가 가능해 탈플라스틱을
꿈꾸는 이들이라면 한 번쯤 고려하는 소재다. 무림에서는 이 물질을 집중
연구해 새로운 활용을 준비하고 있다. 신소재와 펄프를 연구하는 신소재연구팀
이종훈 팀장을 만나 종이에서 펄프, 목재로 이어지는 소재의 가능성을 물었다.

-
인터뷰 정경화
인터뷰이 **무림 신소재연구팀 이종훈 팀장**

감씨(감): 신소재와 펄프를 연구한다. 최근에는 어떤 연구를 하고 있나?

이종훈(이): 울산공장에서는 목재칩을 원료로 펄프를 제조하는데, 그 과정에서 여러 물질이 만들어진다. 대표적인 것이 펄프에서 나온 셀룰로오스와 흑액으로부터 추출한 리그닌이다. 지금은 이 두 소재를 종이의 원료나 에너지원 정도로만 사용하는데, 이외에 새로운 활용처를 찾는 연구를 중점적으로 하고 있다.

감: 이들 물질의 강점이 뭔가?

이: 두 소재는 지구상에서 가장 풍부한 천연 고분자물질로 생분해가 가능하다. 셀룰로오스는 생체적합성이 높아 몸속에 들어가도 부작용을 일으키지 않는다. 리그닌은 수지처럼 끈적한 성질을 지녀 플라스틱, 그중에서도 페놀 수지를 대체할 수 있다. 더 나아가 탄소섬유의 원료로도 주목받는 소재다. 현재 페놀 수지를 적용하는 대표 분야는 접착제와 단열재로, 특히 합판이나 MDF^Medium Density Fiberboard를 제조할 때 많이 사용한다. 소재를 상용화해 해당 분야에서 페놀 수지 를 20~30%까지 대체하는 것이 목표다. 그러나 리그닌은 화학 구조가 독특해 활용하기가 굉장히 어렵다. 아직 많은 연구가 필요하다.

감: 셀룰로오스를 기반으로 개발 중인 소재로는 어떤 것이 있나?

이: 나노 셀룰로오스라는 이름으로 더 익숙한 셀룰로오스 나노파이버(Cellulose nanofiber, 이하 CNF)와 결정셀룰로오스(MCC, Microcrysta line cellulose)를 개발하고 있다. CNF는 섬유의 형상을 직경 100nm(나노미터=10억분의 1m) 미만으로 아주 작게 만든 것인데, 미세하게 분해하는 과정을 거치면서 표면적이 넓어져 결합력이 강해지는 것이 특징이다. 손가락만 맞닿을 때보다 깍지를 꼈을 때 더 넓은 면적이 닿아 강하게 고정되는 것과 같은 원리다. 그 결과 무게는 철의 5분의 1에 불과하지만 강도는 5배에 달하고 차단성도 매우 뛰어나다. 열 안정성, 친수성, 생체적합성이 우수한 데다 현실적으로 적용 가능성이 높아 이미 자동차, 화학 산업군에서는 각광받고 있다.

감: 이 소재를 어떤 용도로 활용하려 하나?

이: 포장재의 필름을 대체하는 것이 주요 용도다. 최근 석유화학 기반 물질의 비율을 줄이기 위해 플라스틱에 다른 원료를 섞는 경우가 많은데, 이렇게 섞다 보면 강도가 떨어진다. CNF는 이 강도를 보강하는 역할을 한다. 이 밖에 투명한 필름을 제조해 식품이나 의약품의 포장재로 적용하는 연구도 하고 있다. 알루미늄 포장재만큼은 아니지만 어느 정도의 산소차단성을 구현해 일상에서 불편함

없이 사용할 수 있다. 게다가 생분해가 가능해 기존의 포장재보다 훨씬 친환경적이다. 섬유를 분해하는 과정에서 색이 투명해져 내용물을 확인할 수도 있다. 또한 보습성이 우수하고 점도가 높아 특히 화장품 패키지로 활용 가능성이 높다.

감: 펄프를 활용한 바이오 플라스틱 연구도 활발하다.

이: 목재를 가공하는 과정에서 발생한 톱밥 가루나 셀룰로오스 파우더에 플라스틱을 혼합한 우드플라스틱(WPC, Wood Plastic Composite)을 개발 중이다. 이 소재는 외관은 목재와 비슷하면서 내구성은 플라스틱에 견줄 수 있을 정도로 뛰어나다. 물론 플라스틱만큼 완벽한 물성을 발휘하지는 못하지만 사용에는 큰 문제가 없고 땅에 묻으면 썩어 자연적으로 분해된다. 현재 이 소재로 일회용 수저나 옷걸이, 칫솔, 마네킹 등을 제작하고 있고 자동차의 내장재, 전자제품의 하우징에도 적용할 계획이다.

감: 플라스틱 사용을 줄이는 방법의 일환인가?

이: 우드플라스틱은 플라스틱을 완전히 대체하기보다는 비율을 줄이는 방편이다. 전 세계적으로 바이오 플라스틱 연구가 활발한데 PLA 같은 생분해성 수지(감15 플라스틱편 참고)는 가격이 비싼 반면 물성은 기존 플라스틱보다 떨어져 국내에서는 아직 적극적으로 쓰이지 않고 있다. 이에

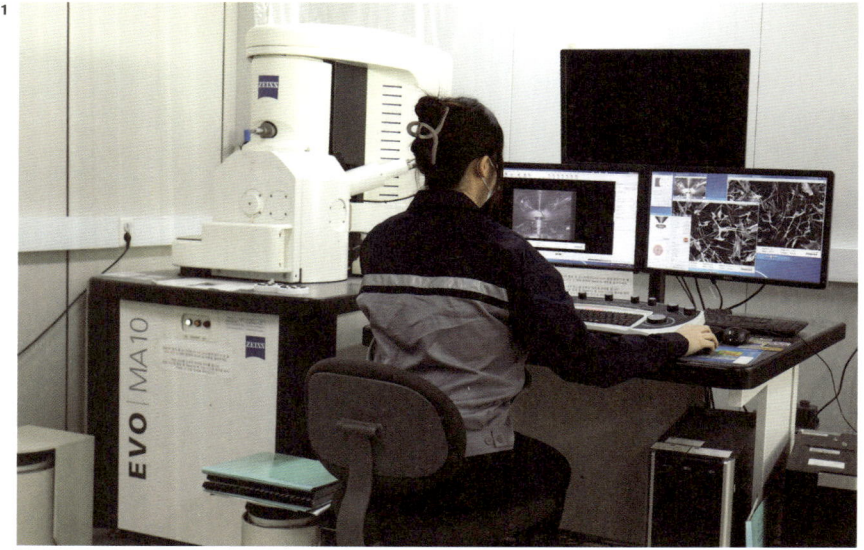

1
나노미터 단위로 매우 작은 크기의 셀룰로오스를 현미경으로 관찰하는 모습.

2, 3, 4
바이오 플라스틱을 제조하는 과정. 셀룰로오스 파우더와 플라스틱을 혼합해 기계에 넣고 160~190℃의 온도로 녹여 사출한다.

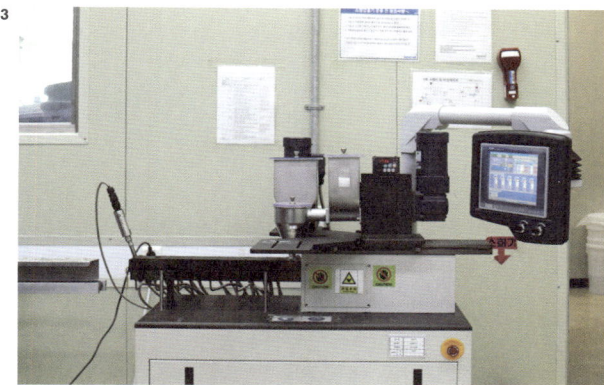

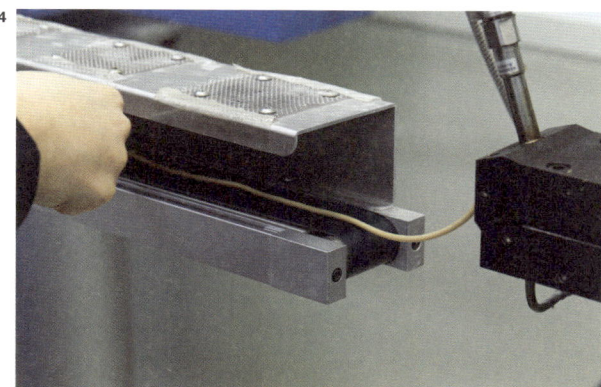

대안으로 등장한 것이 우드플라스틱이다. 우선은 석유 화합물의 비중을 100에서 70, 50으로 조금씩 줄이면서 빈 자리를 목재 기반 물질로 채우는 것이 1차 목표다. 그다음에는 생분해성 수지에 목재 기반의 물질을 섞어 기존의 부족한 물성을 보완하려 한다.

감: 친환경 종이에 대한 기준이 업체마다 다르다. 무림에서 공감하는 기준이 있다면?
이: 다른 소재에 비해 종이가 더 친환경적인 것은 확실하다. 그러나 제조 과정에서는 여전히 많은 양의 물과 에너지를 소비한다. 우리가 생각하는 친환경 종이는 물의 사용을 잘 관리해 폐수를 줄이고 에너지를 적게 써서 만든 것이다. 울산공장에서는 그나마 흑액을 이용해 탄소배출량을 줄이고 있지만 이마저도 쓰지 않는 방법을 연구하고 있다.

감: 구체적으로 실현할 방법이 있나?
이: 종이의 제조 과정에서 가장 많은 에너지를 쓰는 단계는 건조다. 이를 해결하는 방법 중 하나가 충전제의 함량을 높이는 것이다. 충전제는 글씨를 썼을 때 뒷면에 비치지 않도록 하는 물질로, 탄산칼슘이나 이산화타이타늄(TO_2)을 재료로 한다. 이러한 광물질은 섬유에 비해 친수성이 낮아 빠르게 건조되는 장점이 있지만, 대신 강도를 떨어뜨려 종이가 뚝뚝 끊어지게 된다. 충전제를 많이 넣으면서도 강도는 그대로 유지하는 것이 기술이다. 그 방법으로 우리는 종이에 나노셀룰로오스를 넣어 결합력을 높여 보려 한다.

무림
1956년 설립되었고 1959년에는 처음으로 백상지의 대량생산을 시작하며 국내 인쇄용지의 역사를 이끌어 왔다. 2011년 펄프-제지 일관화공장을 준공한 이후로는 펄프까지 함께 제조하며 부지런히 업역을 넓히고 있다.
www.moorim.co.kr

2

PRINTING
PAPER

대표 인쇄용지
10선

인쇄용지는 크게 종이의 고유한 질감이
살아 있는 비도공 인쇄용지와 표면에
광택과 코팅을 입힌 도공 인쇄용지,
디지털 프린트에 최적화된 디지털
인쇄용지로 나뉜다. 정보를 정확하고
보기 좋게 표현하는 것에서 더 나아가
바탕재로서 결과물의 분위기를 좌우하는
인쇄용지의 종류를 모았다.

-

글 정경화

비도공 인쇄용지 Noncoated paper

-

백상지

표백화학펄프만 100% 사용해 만든 백색의 상질지로
우리에게는 모조지라는 이름으로 더 익숙하다. 평활도가 뛰어나
표면이 매끄럽고 광택과 탄력성이 좋다. 우수한 인쇄적성을
갖춘 덕분에 한국산업표준(KS M 7102)에서는 백상지를 특급
인쇄용지로 분류한다. 등급에 걸맞게 단행본, 잡지나 월간지,
사보 등 서적의 종류를 가리지 않고 활발히 쓰인다. 질감이
까슬까슬하고 필기감이 좋아 노트나 봉투, 서류에도 많이
사용한다.

색상은 백색과 미색으로 나뉘고 광도는 유광과 무광
두 가지가 있다. 미색 백상지는 빛의 반사율이 낮아 눈이
덜 피로하고 가독성이 좋다. 덕분에 내지로 많이 사용하고
서적지라고도 불린다. 단점은 종이 자체가 미색을 띠다 보니
색을 정확하게 표현하기가 어렵고 가격도 좀 더 비싸다.

\-

중질지

표백화학펄프를 40% 이상 사용하고 나머지는 기계펄프 또는 재생펄프를 혼합하여 제조한 종이를 뜻한다. 대개는 신문용지보다는 품질이 높고 백상지보다는 떨어지는 중급의 비도공지를 통칭하여 중질지라 부른다. 한국산업표준(KS M 7102)에서는 표백화학펄프의 비율이 70% 이상인 것은 1급, 40% 이상이면 2급 중질지로 구분한다.

표백처리를 하지 않은 펄프를 섞어 사용하므로 약간 회색빛을 띤다. 미색 백상지와 색상이 비슷하지만 햇빛에 더 쉽게 손상되고 표면이 거칠다. 가격이 저렴한 것에 비해 앞뒤로 비침이 적고 두꺼운 편이라 책의 본문 용지로 많이 사용한다.

\-

하질지

표백화학펄프의 비율이 40% 미만인 3급 인쇄용지를 하질지라고 한다. 값이 저렴한 데다 잉크를 잘 흡수하고 건조가 빨라 대량의 결과물을 고속으로 뽑아 내는 윤전 인쇄에 적합하다. 하질지의 대부분이 시트가 아닌 롤형인 것은 이 방식에 맞춰 제작하기 때문이다. 롤형으로 생산한 것은 신문용지, A4용지처럼 규격대로 재단한 것은 갱지라고 부른다.

단점은 거칠고 내구성이 약하며 햇빛이나 공기에 의해 쉽게 변색된다. 이때문에 오래 보관해야 하는 책보다는 신문이나 시험지 등 수명이 짧은 인쇄물에 주로 사용한다. 부피가 크고 제본하였을 때 두께가 두꺼워 주간지나 만화책의 본문, 광고지, 연습장용 노트로도 많이 쓰인다.

\-

그라비어 용지

그라비어 인쇄를 위하여 만들어진 전용지이다. 그라비어 인쇄(포토그라비어 인쇄, Photogravure printing)는 동판의 오목하게 들어간 부분에 잉크를 채우고 찍어내듯이 인쇄하는 방식이다. 일반적으로 종이보다는 비닐 포장재나 스티커, 필름에 많이 사용한다. 종이를 제조하는 과정에서 많은 양의 충전제를 넣기 때문에 불투명도가 높고 무거운 편이다. 또한 표면이 평활해 잉크의 흡수력이 좋고 광택이 강하다. 건축에서는 바닥이나 가구 표면의 마감재인 화장판에서 무늬를 내는 모양지로 많이 사용한다.

도공 인쇄용지 Coated paper

-

아트지

상질지 또는 중질지에 코팅을 입히는 도공과 광택을 내는 슈퍼
캘린더 공정을 거쳐 만든 종이다. 양면을 합해 1m²당 40g
정도로 많은 양의 도료를 도포해 반짝거리는 광택이 매우
강하다. 뛰어난 인쇄적성이 요구되는 미술 서적에 적합한 종이로
알려지면서 아트지라는 이름이 붙었다는 설이 있다. 이름처럼
색상 표현이 뛰어나고 잉크가 번지지 않아 달력이나 카탈로그,
포스터나 화보 등에 사용한다. 특히 패션잡지의 단골 재료다.

-

스노우 화이트지 Snow white paper

슈퍼 캘린더 공정 대신 특수한 롤러를 통과시켜 표면에 미세한
요철을 낸 종이다. 이때문에 아트지의 일종이지만 광택이 나지
않는다. 눈처럼 깨끗하고 하얀 모습이라 스노우 화이트라는
이름이 붙었다. 두껍고 감촉이 부드러우며, 아트지보다는
색감의 구현도가 떨어지지만 은은한 매력이 있다.

-

코트지

도공 공정에서 양면을 합해 1m²당 20g 전후의 도료를 도포한
종이다. 도포층이 균일하지 않아서 아트지보다 평활도와
광택이 떨어지지만 불투명하면서도 얇게 만들 수 있다. 가격도
좀 더 저렴해 잡지 본문, 전단지 등의 광고 인쇄물에 사용한다.
백상지를 원지로 한 것은 상질코트지, 중질지를 원지로 한 것은
중질코트지라 부른다.

-

MFC지 Machine Finished Coated paper

백상지 또는 중질지에 1m²당 약 10g의 도료를 양면에 도공한
종이다. 백상지와 도공 인쇄용지의 중간 형태로, 백상지보다
두꺼우면서 무게는 더 가볍고 비침이나 눈의 피로감이 적다.
대량으로 찍어내는 윤전 인쇄에 적합해 학습지나 교과서, 전단지
등에 사용한다. 국내에서는 한솔제지에서 생산하는 뉴플러스가
잘 알려져 있다.

–

러프글로스지 Rough gloss paper

이름처럼 거칠다는 뜻의 러프와 광택을 의미하는 글로스의
상반된 성질이 공존하는 종이다. 통상적으로 종이를 분류하는
기준은 아니고 일본의 종이 유통 회사인 타케오 Takeo 에서 만든
카테고리가 광범위하게 쓰이면서 하나의 지종처럼 자리 잡았다.
광택이 거의 없으면서도 색감이나 인쇄 표현은 아트지 수준으로
뛰어나고, 공기층을 많이 품은 구조라 볼륨감과 따뜻한 느낌이
잘 살아 있다. 이러한 특징 덕분에 한국과 일본에서는 고급
인쇄용지를 러프글로스지라고 부르기도 한다. 관련 제품으로는
삼화제지의 랑데뷰, 한국제지의 아르떼, 한솔제지의 M러프,
앙상블E클래스 등이 있다.

디지털 인쇄용지

–

복사용지(PPC Plain Paper Copier 용지)

표백화학펄프로 제조한 흰색의 종이다. 우리에게는 A4용지로
익숙하다. 도공 공정을 거치지 않으며, 돌가루를 첨가하여
빳빳하면서 매끈하다. 규격대로 재단해 복사기나 프린터, 팩스
등에 사용한다.

–

컴퓨터 용지

컴퓨터로 데이터를 전송해 출력할 때 사용하는 종이로 일반적인
복사용지보다 좀 더 두껍고 광택이 있어 색감이 선명하다. 출력
기기의 성능에 맞춰 최적의 인쇄 결과를 내도록 만들어졌다.
기기의 종류에 따라 레이저 프린터 전용지, HP 인디고 전용지,
플로터 용지 등으로 나뉜다.

종이 연대기

목재칩

부피가 큰 통나무는 펄프를 제조하는 기계에 넣을 수 있도록 작게 조각낸다. 한 조각의 크기는 보통 길이가 15~25mm, 두께는 4mm 정도다. 이보다 크거나 작은 것은 공정을 더디게 하므로 촘촘한 망으로 걸러낸다. 선별된 목재칩은 저장 탱크에서 화학약품 그리고 물과 섞인 채로 펄프가 될 순간을 기다린다.

목재

다양한 비목재 원료가 개발되고 있지만, 여전히 대부분의 종이는 목재로 만들어진다. 원료가 되는 나무는 섬유 조직을 기준으로 선택하는데 대개는 섬유의 형상이 가늘고 길수록 종이를 만들기에 적합하다. 침엽수는 섬유 조직이 길어서 강도가 높고 질기다. 이 특징을 살려 시멘트나 쌀의 포대 등 산업용 포장재로 사용한다. 반면 활엽수는 섬유 조직이 짧은 탓에 강도가 약하다. 대신 표면이 부드러워 고급 인쇄용지나 티슈의 재료로 쓴다. 때로는 둘을 적절히 섞어 양쪽의 장점을 고루 살리기도 한다. 이렇게 나무를 선택하는 것은 종이의 일생을 좌우하는 갈림길이 된다. 목재는 이물질로 뒤덮인 껍질을 벗고 야적장에서 햇볕에 몸을 태우며 질 높은 종이가 되기 위한 준비를 한다.

재생지

돌고 돌아 다시 종이가 되었다. 국내에서는 재생펄프를 40% 이상 포함하여 만든 것을 재생지라 부른다. 이 수치는 천연펄프만 이용했을 때보다 나무를 최소 40% 덜 베었음을 의미한다. 1t의 종이를 생산한다고 가정하면 천연펄프만 사용한 종이는 24그루의 나무가 필요하지만 재생지는 여기서 최소 10그루의 나무를 절약한다. 이는 곧 우리나라에서 생산하는 인쇄용지의 10%만 재생지로 바꾸어도 날마다 760그루의 나무를 살릴 수 있음을 의미한다. 배출된 종이는 이렇게 주어진 임무를 끝마친 후에도 몇 번이고 더 원을 그리며 우리의 일상에 찾아든다.

재생펄프

버려진 종이가 다시 펄프로 돌아간다. 폐지를 물과 약품에 섞고 작은 입자로 풀어질 때까지 저어주면 종이에 남아 있던 불순물도 자연스레 떨어져 나간다. 때로는 별도로 표백 과정을 거쳐 잉크를 제거하기도 한다. 이후에는 천연펄프를 만들 때와 같은 공정을 지나 재생펄프로 재탄생한다. 다만, 재생펄프는 천연펄프보다 색이 어둡고 섬유가 짧아 종이로 만들었을 때 품질이 떨어진다. 그래서 단독으로 쓰기보다는 천연펄프와 섞어 사용한다. 한데 뒤섞인 두 펄프는 다시 한 번 예전의 과정을 거쳐 종이의 모습을 되찾는다.

종이의 일생은 원을 그린다. 목재에서 추출한 펄프는 펼쳐지고 엮여 종이가 되고, 쓸모를
다하면 폐지가 되었다가 펄프로 재생되어 또 한 번의 생을 얻는다. 어쩌면 지금 당신이
읽고 있는 이 책의 종이도 이미 한 번의 원을 그려냈을지 모른다. 여러 이름으로 모습을
바꾸며 변화하는 종이의 일생을 따라가 본다.

-
글 박우진

펄프

목재칩에 뜨거운 열과 압력을 가한 후 체로 불순물을
거르고 나면 순수한 펄프만이 남는다. 종이가 되는 최후의
물질인 셀룰로오스를 만나는 순간이다. 펄프는 원료와
수종, 제조법, 표백 여부 등에 따라 쓰임이 달라진다. 크게는
제지용과 용해용으로 나뉘고 전자는 종이가, 후자는
화장지나 스펀지 같은 제품이 된다. 제지용 펄프는 다량의
물을 희석한 후 그물로 떠내어 수분을 제거한다. 이 과정을
거치면 섬유질이 서로 얽힌 습지 상태가 된다. 펄프는 이제 막
종이가 될 준비를 마쳤다.

종이

반죽 상태의 펄프를 직사각형으로 얇게 펴내고 끝없이
물을 말리고 나면 비로소 우리가 아는 모습이 나타난다.
이때의 종이는 아무런 가공을 거치지 않았다고 하여 비도공지
또는 원지라고 부른다. 주변에서 흔히 볼 수 있는 A4용지가
바로 이것이다. 여기에 돌가루를 발라 평활도를 높이는 도공
작업을 거치면 도공지가 된다. 모든 제조 과정이 끝나면
적절한 크기로 재단, 포장해 종이가 있어야 하는 곳으로
보내어 진다.

활용

이렇게 수많은 과정을 마치고 드디어 종이가 세상
밖으로 나왔다. 완성된 종이는 용도에 따라 인쇄·가공 등의
공정을 거쳐 여러 모습으로 변모한다. 인쇄용지, 신문, 택배
박스, 우유 팩 등 우리의 손이 닿는 대부분의 곳에는 종이가
있다. 2020년 국내에서 소비된 종이의 양은 약 800만t, 그중
인쇄용지는 135만t으로 전체의 16% 정도를 차지한다. 택배
박스로 사용하는 골판지 원지 다음으로 많은 양이다. 이는
반대로 그만큼 많이 버려진다는 의미이기도 하다. 사용이
끝난 종이는 제 몫을 다한듯 보이지만 아직 얼마간의 여정이
더 남았다.

재활용

깨끗하게 분리하여 배출한 종이는 다시 사용할 수
있는 자원이 된다. 다만 이러한 기회가 모두에게 주어지는
것은 아니다. 감열지나 합성지, 기름종이와 같이 물에 녹지
않는 기능지나 이물질이 묻은 종이는 일반 쓰레기로 배출되어
생을 마무리한다. 이물질을 제거한 인쇄용지나 신문지는
재활용의 기회를 얻는다. 종류별로 묶인 폐지는 약속된 배출
장소에서 수거하여 중간처리업체로 옮겨지고, 이곳에서 한
번 더 선별, 압축 작업을 거친 후 제지업체로 보내진다. 두둑이
쌓인 폐지는 마지막 검열을 받고서 두 번째 일생을 맞이할
준비를 한다.

좋은 바탕을 제안하다

종이의 세계는 무궁무진하다지만 막상 적절한 것을 고르기 위해 종류를 나열하다 보면
다섯 손가락을 채 펼치지 못한다. 그 속에서 좋은 종이를 고르자니 답답함이 앞선다.
두성종이는 국내에서 만나볼 수 없는 독특한 수입 종이들을 선보이며, 우리의 좁디 좁은
시야를 넓힌다. 다양한 지종을 제안하는 것을 넘어 적절히 소개하는 방법까지 고민하는
그들에게 좋은 바탕이란 무엇인지 물었다.

-
인터뷰 **정경화**
인터뷰이 **두성종이 영업지원팀 손종준 팀장**
해외사업팀 성기훈 선임
정리 **박우진**

감씨(감): 제조사 중심인 종이 시장에서 꾸준히 유통업에 집중한다. 어떤 종이를 소개하며, 주요 소비 대상은 누구인지 궁금하다.

손종준(손): 한지, 그리고 국내 업체에서 OEM(Original Equipment Manufacturing, 주문자 위탁 생산) 방식으로 생산하는 몇 가지 지종을 제외하고는 모두 수입지다. 특히 물성이 독특하거나 인쇄성이 뛰어난 종이, 특수한 계열의 개성 있는 지종을 중심으로 소개한다.

보편적으로 사용하는 종이가 아니다 보니 새로운 표현을 시도하거나 고급스러운 분위기를 내려 하는 디자이너들이 많이 찾는다. 최근에는 1인 브랜드나 독립출판이 활발해지면서, 업역을 가리지 않고 소비자 범위가 넓어지는 분위기다.

감: 주로 수입하는 국가는 어디인가?

성기훈(성): 다양한 국가의 제품을 소개한다. 아시아에서는 일본과 중국을 중심으로, 유럽에서는 독일, 이탈리아, 스웨덴, 영국의 제품을 주로 수입하고 있으며, 북미 지역에서도 들여온다.

감: 국가별로 종이의 장점을 꼽는다면?

손: 국가별로 특징이 구분된다기 브다는 제지사마다 각자의 특화 분야와 강점이 있다고 봐야할 것 같다. 그럼에도 차이점을 꼽는다면, 일본은 색지에 강한 편이다. 특히 균일한 색감을 내는 기술이 뛰어나다. 일례로 200가지의 색을 안정적으로 구현하는 브랜드도 있다. 반면, 유럽에서는 트렌드에 집중하고 유연하게 반응하는 분위기다. 최근에는 패키지 용지나 친환경 용지 개발에 적극적이고, 팬데믹 이후 세균을 죽이는 항균지를 선보이기도 했다.

감: 지종이 170가지에 달한다. 수많은 종이를 어떤 기준으로 구분하나?

성: 종이의 특색에 따라 구분한다. 코티드Coated와 언코티드Uncoated, 디지털 용지, 보드, 크라프트지와 골판지, 컬러플레인과 컬러엠보스, 흑지, 메탈, 펄지, 트레이싱지와 티슈페이퍼, 기능지, 한지, 마지막으로 롤바인딩까지 총 16개 군이다. 지류 업계에서 통상적으로 사용하는 기준보다 더 세부적이다.

1

2

1 다양한 종이를 만나볼 수 있는 두성종이 서초 쇼룸.
2 친환경 종이에 표기하는 여러 인증마크. (왼쪽부터) 국제표준화기구에서 제정한 환경경영시스템 인증,
　유럽 환경감사제도(EMAS)와 유럽연합의 어린이 완구 안전 인증, FSC 인증, 무염소 표백펄프를 사용한 종이에 부여하는 ECF 마크.

감: 각각의 제품군에 대해 더 자세히 설명해 달라.

성: 코티드는 도공지를 뜻한다. 잉크가 더 잘 안착할 수 있도록 제조 과정에서 돌가루를 코팅한 종이다. 반대로 언코티드는 코팅을 더하지 않은 비도공지다. 디지털 용지는 디지털 인쇄 전용 잉크의 접착력을 높이기 위해 특수 코팅을 입혀 만든다. 이렇게 세 종류가 대표적인 인쇄용지다.

보드는 두께감이 있는 제품으로 패키지를 제작할 때 사용한다. 컬러플레인과 컬러엠보스, 흑지는 모두 색지이다. 무늬가 없는 종이를 컬러플레인, 무늬가 있는 것을 컬러엠보스, 검은색 제품은 흑지로 분류한다. 흑지는 동일한 검정 계열 내에서도 색상의 스펙트럼이 넓고 시장이 따로 존재할 정도로 수요가 많아 별도로 관리한다.

메탈은 종이와 필름을 합친 제품으로 은은한 홀로그램이 매력적이다. 펄지는 펄 질감을 더한 종이이고 웨딩산업에서 청첩장을 만들 때 많이 사용한다. 트레이싱지와 티슈페이퍼는 비슷해 보이지만 차이가 있다. 전자는 투명도가 높아 뒤가 비친다면, 티슈페이퍼는 두께가 굉장히 얇아서 뒤가 비치는 종이다.

기능지는 방수나 항균과 같은 특수한 기능이 더해진 제품이다. 한지는 손으로 뜨는 전통 방식이 아닌 기계로 만든 것을 유통한다. 롤바인딩은 다양한 질감의 종이를 롤 형태로 들여와 바인딩하여 사용하는 제품으로 가죽이나 패브릭 같은 독특한 질감의 다이어리 표지가 이에 해당한다.

감: 최근 종이의 수요는 어떻게 달라지고 있나?

성: 예전에는 인쇄용지의 수요가 많았지만, 매체가 빠르게 디지털화되면서 시장이 축소되었다. 신상품도 거의 나오지 않는다. 반면 패키지 시장은 신제품의 출시가 활발하고 규모도 빠르게 성장한다.

친환경 종이의 수요 역시 비교적 최근에 생긴 변화다. 탈플라스틱 소재로 주목받으면서 친환경 종이라면 일단 다 보여달라고 할 정도로 정말 많은 사람이 찾는다. 일부 기업에서는 친환경적인 면모를 강조하기 위해 명함부터 포장재까지 모든 종이를 친환경 지류로 교체하는 경우도 있다.

감: 친환경 종이의 종류가 점점 늘고 있다. 어떤 종이를 친환경 종이로 분류하나?

손: 크게는 지속가능한 삼림에서 생산된 목재를 사용해 삼림 인증마크를 받은 종이, 재생펄프를 40% 이상 함유한 종이, 목재가 아닌 다른 원료로 만든 비목재 펄프 종이, 이렇게 세 가지 기준으로 구분한다. 예전에는 이와 같이 원료에 집중했다면, 최근에는 종이를 제조하는 과정에서도 친환경을 요구한다. 펄프를 생산할 때 염소를 사용하지 않거나 생산 과정에서 탄소배출량을 줄이기 위한 활동을 한 것, 태양열이나 풍력과 같은 친환경 에너지를 사용하여 생산한 것도 친환경 종이로 분류한다.

감: 인쇄용지는 일상에서 가장 쉽게 접하는 종이다. 두성종이의 인쇄용지는 어떤 용도로 쓰이나?

손: 명함이나 소책자 같은 상업 인쇄에 가장 많이 쓰인다. 특히 명함은 크기가 작으면서 장수는 많아 제품별 단가가 크게 차이 나지 않고 회사의 얼굴이라 생각해 비용이 들더라도 좀 더 좋은 품질의 종이를 쓰는 편이다. 반면, 출판은 종이에 들일 수 있는 비용이 제한적이라 비싼 제품은 많이 사용하지 않는다.

감: 그중 가장 인기 있는 대표 제품을 소개한다면?

성: 도공지 중에서는 반누보가 가장 많이 쓰인다. 발색력이 좋아 인쇄했을 때의 색감이 실제와 가장 흡사하다. 색을 또렷하게 표현해야 하는 사진집이나 작품집 또는 명함지로 꾸준히 사용한다. 비도공지는 문켄Munken 시리즈가 대표적이다. 전반적으로 톤이 어두워 인쇄 이미지가 실제와 차이가 있는 편인데 오히려 이 표현을 자연스럽고 차분하다고 느껴 의도적으로 쓰는 경우가 많다.

두성종이 서초 쇼룸에서는 종이를
직관적으로 경험할 수 있도록 여러
용도로 제작한 종이 패키지와
샘플북을 전시하고 있다.

감: 종이만큼이나 인쇄 방식도 종류가 다양할 텐데, 인쇄 방식에 따라서 종이가 달라지기도 하는가?

손: 인쇄 방식은 크게 오프셋 인쇄와 디지털 인쇄로 나뉜다. 오프셋 인쇄는 인쇄물의 색상에 맞춰 CMYK, 즉, 파랑Cyan, 자주Magenta, 노랑Yellow, 검정Key, Black 이렇게 네 가지 색의 판을 각각 제작하고 롤러를 이용한 한 장씩 잉크를 입혀 빠르게 인쇄한다. 판을 따로 만들어야 하므로 대량으로 인쇄해야 수지가 맞다. 반면 디지털 인쇄는 판 없이 수치로 입력한 색상 값을 출력하는 방식이다. 집에서 쓰는 프린터를 생각하면 된다. 오프셋 인쇄와 비교하면 단가는 좀 더 높지만 원하는 만큼만 제작할 수 있어 소량생산에 적합하다.

성: 예전에는 모든 종이가 오프셋 인쇄에 최적화되어 있었기 때문에 디지털 인쇄기로 작업하면 종종 문제가 발생하곤 했다. 그래서 디지털 인쇄는 인쇄적성이 좋지 않다고 오해하는 경우가 있는데 이는 인쇄기의 문제가 아니다. 종이와의 궁합이 맞지 않았던 탓이다. 잉크와 인쇄 방식이 달라진 만큼 종이도 바뀌어야 한다. 지금은 소량 인쇄 시장이 커지면서 디지털 인쇄에 맞춰 코팅이나 후가공을 더한 종이가 많이 개발되고 있다. 대표적으로 오프셋 인쇄에 맞춰져 있던 기존의 반누보 종이에 가공을 더해 디지털 전용지로 출시된 제품인 반누보 LT가 있다.

감: 두성종이의 제품을 찾는 사람들은 어떻게 바뀌고 있나? 이에 대응해 어떤 변화를 도모하려 하나?

손: 과거에는 종이가 용도에 맞춰 사용하는 소재에 불과했다면, 이제는 표현 수단의 하나가 되었다. 일례로 예전에는 사진집과 작품 도록을 만들 때 선명한 색상을 내기 위해 도공지를 쓰는 것이 정석이었다. 하지만 요즘에는 본인이 표현하고 싶은 분위기를 먼저 고려한다. 색상이 실제와 차이가 있더라도 차분한 분위기를 선호하면 비도공지를 쓰기도 한다. 용도가 명확하게 정해져 있는 기능지를 제외하고는 필수 선택 기준이 없어졌다. 상담을 진행할 때도 용도보다 원하는 질감이나 색감을 먼저 물어본다.

성: 요즘에는 제지사에서 종이를 출고할 때 아예 용도를 적지 않기도 한다. 이 경우 사용조건 대신 하자를 막는 방법만 설명한다. 우리의 역할은 종이의 용도를 정해주기 보다는 특징을 알려주는 안내자에 가깝다. 그래서 제품의 특색을 더 많이 고민하고 발견하려 한다.

두성종이

두성종이는 해외 각지의 수입지를 유통하는 회사로, 약 170가지의 상품을 취급한다. 종이의 가치를 생각한다는 철학 아래 온라인과 오프라인에서 다양한 페이퍼 솔루션 서비스를 제공하며 많은 창작자에게 영감과 아이디어를 주고 있다.

www.doosungpaper.co.kr

물에서 읽는
책

민음사 조아란 팀장
오이뮤 신소현 대표

물에 몸을 담근 채 여유롭게 책장을 넘기는
일은 상극의 만남이기에 지금껏 상상에만
그쳤다. 그러나 민음사와 오이뮤는 물에 젖지
않는 책을 제작해 꿈꿔왔던 모습을 현실로
구현했다. 이를 가능케 한 일등 공신은 바로
미네랄 페이퍼다. 방수성과 친환경성을
함께 갖춘 종이를 사용해 책의 가능성을
넓히고 상상에 날개를 달아준 쿼터프루프 북
프로젝트를 소개한다.

-
인터뷰 **정경화** 정리 **박우진**
사진 **오이뮤**(별도 표기 외)

1 워터프루프 북은 미네랄
  페이퍼를 사용해 물에서
  책을 읽는다는 상상을
  실현시켰다.

2 방수를 위해 본드가 아닌
  실을 이용해 제본했다.

감씨(감): 워터프루프 북은 종이의 약점을 개선해 책의 활용을 넓힌 작업이다. '물에서 읽는 책'이라는 콘셉트를 기획하게 된 계기는 무엇인가?

-

조아란(조): 민음사에서는 그간 책을 바탕으로 다양한 콘텐츠 상품을 기획해 왔다. 특히 '휴가철에 바닷가에서 책읽기'라는 주제로는 예전부터 여러 차례 이벤트를 진행했다. 메시지는 환영받았지만, 물에 젖은 손을 닦기 바쁘고 책이 훼손될까 불안하다 보니 막상 실천하기에는 어려운 점이 많았다. 그때부터 막연히 물에서 읽을 수 있는 책을 상상했다.

그러던 중 디자인 스튜디오 오이뮤를 통해 방수가 되는 종이인 미네랄 페이퍼를 알게 되었고 이 소재라면 워터프루프 북을 만들 수도 있겠다는 생각에 바로 실행에 옮겼다. 민음사에서 전체적인 기획과 콘텐츠 선정을 담당하고 오이뮤에서 디자인과 제작을 맡았다.

감: 종이를 조사하고 선택한 과정을 소개해 달라.

-

신소현(신): 평소에도 다양한 종이와 인쇄 방식에 관심이 많았기에 워터프루프 북 프로젝트를 처음 접했을 때 바로 미네랄 페이퍼가 떠올랐다. 이 종이를 적용한다면 콘셉트를 더 구체화할 수 있을 것 같아 본격적으로 시작하게 되었다.

조: 미네랄 페이퍼는 돌로 만든 종이라 물을 흡수하지 않는다. 게다가 제조 과정에서 탄소배출이 적고 퇴비화가 가능해 친환경적이다. 방수만 생각했는데 친환경이라는 의미까지 덧입혀져 프로젝트가 한층 풍성해졌다.

방수성과 내구성이 뛰어난 종이인 유포지도 고려했지만, 플라스틱을 사용한다는 점이 마음에 걸려 최종적으로는 친환경성까지 갖춘 미네랄 페이퍼를 선택했다.

감: 미네랄 페이퍼는 구체적으로 어떤 소재인가?

-

조: 미네랄 페이퍼는 대만의 화학 업체어 서 개발한 것으로 채석장에서 걸러진 자투리 대리석을 가공해 만든 이른바 '돌 종이'다. 처음 선보였을 당시에는 방수 기능보다는 새로운 친환경 종이로 알려져 활발하게 쓰이지는 않았다. 기껏해야 다이버들이 물속에서 사용할 수첩이나 이벤트 책자를 만드는 정도였다.

감: 실제 물속에서는 어느 정도의 방수성을 발휘하나?

-

조: 물을 튕겨 낼 정도의 방수성을 가진 것은 아니고 젖어도 괜찮은 종이에 가깝다. 어느 정도 물기를 머금지만 종이의 물성에는 변화가 생기지 않고 닦으면 바로 사라진다.

감: 책의 바탕재로서 미네랄 페이퍼의 장단점을 소개한다면?

-

신: 미네랄 페이퍼는 평활도가 높아서 광택이 적다. 덕분에 색상을 선명하게 구현하고 눈이 느끼는 피로도가 덜하다. 반면 일반적인 종이와 물성이 달라 제작 과정에서 어려웠던 점이 많았다.

일례로 마찰이 적다보니 종이가 인쇄기에 매끄럽게 급지되지 않아 기계 앞에 서서 한 장씩 매만지며 넣어야 했다. 물성이 딱딱한 탓에 제본 과정에서 바늘이 부러질 때도 많았다. 예상치 못한 변수가 자주 발생했지만 그때마다 인쇄설비를 미세하게 조정하며 제대로 된 결과물이 나올 때까지 거듭 도전했다.

1 워터프루프 북 2020.
2 워터프루프 북 2021.
3 워터프루프 북 2021은 커버까지 미네랄 페이퍼로 통일했다.

감: 인쇄와 제본 단계에서 방수성을 높이기 위해 신경 쓴 부분이 있다면 말해 달라.

-

신: 물속에서 잉크가 번지지 않는지 확인하기 위해 다양한 회사의 잉크로 시험을 했다. 또 온수와 냉수, 소금물이나 알코올, 커피와 같이 일상에서 사용하는 액체에도 여러 차례 담가 보며 방수 성능을 검증했다. 제본은 방수를 위해 본드가 아닌 실을 이용했다. 실이 마찰로 인해 풀리지 않도록 끝단을 고정하는 접착 후가공도 함께 했다.

감: 선보이자 마자 화제를 일으키며 많은 관심을 받았다.

-

조: 누구나 한 번쯤 상상해 보았던 로망을 이루어 줬다는 평이 많았다. 욕조나 수영장, 바닷가에서 책을 읽는 모습이 대표 이미지로 자리 잡으면서 호텔에서 협찬 제의를 받기도 했다. 현재 정선의 파크로쉬 리조트앤웰니스를 비롯해 경주, 서울의 호텔에서 수영장이나 스파에 책을 비치하고 있다.

감: 워터프루프 북이라는 콘셉트가 콘텐츠의 선정에도 영향을 미쳤을 것 같다. 어떤 기준으로 선정하나?

-

조: 2018년 오늘의 젊은 작가 시리즈를 시작으로 해외 여성 작가의 고딕·호러소설, 한국 산문선 등 매년 여름마다 새로운 주제를 선보이고 있다. 콘텐츠는 휴가지에서 잠깐 시간을 내어 읽는 책이라는 콘셉트에 맞춰 장편보다는 두세 시간 내에 읽을 수 있는 경장편이나 단편을 주로 선정한다.

감: 워터프루프 북의 디자인 콘셉트는 무엇인가? 시리즈를 거듭하면서 디자인은 어떻게 변화하고 있나?

-

신: 다양한 환경에서 읽을 수 있는 종이책이 목표였기에 외관도 직관적인 디자인과 밝은 색감의 부담 없는 모습으로 계획했다. 제품의 인지도가 높아지면서 최근에는 다양한 그래픽을 시도해 보고 있다. 커버에도 변화를 주었다. 원래는 PVC 소재를 사용했는데, 2021년부터는 커버도 미네랄 페이퍼로 제작하고 있다. 친환경이라는 의미에 더 맞고 단일 소재로 이루어져 재활용하기도 쉽다.

감: 기획자로서 프로젝트를 진행하며 느낀 소회가 궁금하다.

-

조: 언젠가 다한증을 앓고 있는 독자로부터 피드백을 받은 적이 있다. 책을 읽으면 자꾸만 종이가 젖어서 불편할 때가 많았는데 워터프루프 북은 그런 걱정을 하지 않아도 되어서 좋았다는 이야기였다. 막연한 상상에서 시작한 일이었는데, 의외의 상황에서 누군가에게 도움이 되었다는 사실에 뿌듯했다.

미네랄 페이퍼는 10년 전부터 있었던 소재다. 그러나 색다른 용도로 활용하면서 사람들에게 쓸모 있게 읽히고 새로운 가치를 발견하게 됐다. 앞으로는 더 많은 종이에서 이러한 가능성을 발견했으면 한다.

조아란 (민음사 콘텐츠 기획팀 팀장)
'워터프루프 북', '인생일력' 등 다양한 상품들을 기획하며 책을 하나의 콘텐츠로 탄생시켰다. 유튜브 채널 '민음사 TV'를 통해 책을 주제로 새로운 콘텐츠를 망설임 없이 보여준다.

신소현 (오이뮤 대표)
라이프스타일 브랜드이자 디자인 스튜디오인 오이뮤의 대표로, 시대정신을 가지고 잊혀져 가는 오브제들의 가치를 발굴하여 과거와 현재를 잇는 디자인 활동을 한다. 또한 인쇄 매체와 제품, 공간, 전시, 콘텐츠 퍼블리싱 등을 통해 다양한 디자인을 제안한다.

3

PACKAGING
PAPER

필(必)
환경 시대의
올바른
포장재

화려한 모습으로 구매 욕구를 자극하던
포장재는 제품을 뜯는 순간 쓰임을
다하고 일회용품처럼 버려진다.
그중에서도 분해되지 않는 플라스틱은
수백 년 동안 지구를 떠돌며 거대한
쓰레기 산을 이루었다. 친환경이 필수가
된 지금의 시대에 적합한 포장재를
들여다본다.

플라스틱 코리아

2019년 국제환경단체 그린피스는 한국의 일회용 플라스틱
소비량을 분석한 보고서, '플라스틱 대한민국Plastic Korea'을
발표했다. 자료에 따르면 전 세계에서 생산하는 플라스틱
중 포장재 용도로 만들어진 제품이 전체의 36%로 가장
큰 비중을 차지했고, 한국의 생산량은 40%로 이보다 더
높았다. 실제로 우리나라는 근해에서 발견된 쓰레기의
82%가 일회용 플라스틱일 정도로 많은 양을 소비한다.
평균 이상의 수치는 1인 가구의 증가를 비롯해 배달
문화의 발달, 식음료 서비스의 다양화 등 복합적인 요소가
더해지면서 나타난 결과다. 2020년 1월부터 8개월간
식음료 배달을 통해 거래된 금액은 10조 3373억 원으로
2019년 같은 기간과 비교하면 75% 가까이 증가했다.
가정에서의 플라스틱 배출량 역시 2015년부터 5년간
연평균 6~8%씩 늘고 있다. 이제는 넘치는 소비량을
감당하지 못해 수거 업체에서 플라스틱 소재의 재활용품을
거부하는 지경에 이르렀다.

소재를 활용한 플라스틱 다이어트

플라스틱 포장재가 환경오염의 주요 원인으로 지목되면서
정부와 기업에서는 사용량을 줄이는 방안을 고민한다.
다회용 제품의 이용을 장려해 불필요한 포장재를 없애고,
사용하는 경우 비용을 지불하도록 하는 것이 최근 시행하는
방법이다. 소재를 개선하는 것도 그중 하나다. 구체적인
방법은 크게 네 가지로 나뉜다. 첫 번째는 재활용 가능한
재료의 비중을 높이는 것이다. 플라스틱은 종류가 수십
가지이고 각각의 물성이 조금씩 달라 구분해서 배출해야
효율적으로 재활용할 수 있다. 이에 환경부에서는 플라스틱
폐기물을 플라스틱, 투명 페트병, 비닐, 흰색 스티로폼 류의
네 가지로 나누고, 각각을 분리하여 배출하기를 권한다.
그러나 한 제품에도 여러 소재가 섞여 있다 보니 재활용이
제대로 이루어지는 경우는 드물다. 그 결과 폐플라스틱의
재활용률은 22.7% 정도로 매우 낮다. 저조한 수치를 높이기
위해 기업에서는 재료의 종류를 줄이거나 통일해 소재를
구분하는 번거로움을 덜고 있다.

두 번째는 쓰임을 다한 플라스틱을 원료로 재사용하는 것이다. 폐플라스틱을 이용하면 처음 만들었을 때만큼의 물성을 구현하기는 어렵지만, 재료의 수명을 연장해 생산량을 줄일 수 있다. 유럽은 이 점에 주목해 일찌감치 식음료 패키지에 폐플라스틱을 적용했고 2025년까지 음료 페트병의 25% 이상을 재생원료로 대체하는 정책을 추진하고 있다.

세 번째는 생분해다. 쉽게 썩지 않는 플라스틱의 물성은 고분자를 연결하는 사슬이 지나치게 강해서 나타난 결과다. 재료의 단점을 보완하기 위해 등장한 것이 식물성 원료로 만든 친환경 수지다. 이들은 플라스틱과 유사한 물성을 구현하면서도 분자 간의 결합력은 약해 자연적으로 분해된다. 다만 기존의 소재와 비교하면 아직 물성이 약해 보편화되지 않았고, 상용화되려면 좀 더 시간이 걸릴 것으로 보인다.

마지막은 플라스틱을 다른 재료로 대체하는 것이다. 대표적으로 해조류나 과일 껍질 같은 식물성 원료, 커피박(커피 찌꺼기) 같은 폐기물이 있다. 종이 역시 대체 소재 중 하나로, 자연에서 난 재료를 원료로 하면서 재활용이 가능하다는 점에서 주목받고 있다.

종이 포장재의 활용과 한계

소재의 장점이 재조명되면서 종이는 화장품, 반도체 등 다양한 분야에서 플라스틱을 대체한다. 그중에서도 특히 진가가 드러나는 분야는 바로 유통산업이다. 단편적으로 냉동식품을 배송할 때 사용하던 스티로폼 박스는 골판지 상자로 대체되고 있다. 냉매제를 담는 PVC 소재의 아이스팩은 종이 팩에 물을 채워 얼리는 방식으로 바뀌었다. 식품 유통기업 마켓컬리는 이 모두를 적용한 '올페이퍼 챌린지'를 시행해 2019년 한 해 동안 4831t의 플라스틱을 절감했다. 제품을 운반하는 과정에서 충격을 줄이기 위해 사용하던 플라스틱 완충재 역시 종이로 바뀌고 있다. 독일의 화장품 브랜드 닥터 브로너스Dr. Bronner's는 스티로폼이나 비닐 에어캡 대신 제품 형태에 맞춰 재생펄프로 제작한 몰드를 사용한다. 가구기업 이케아에서는 플라스틱 패키지를 단계적으로 교체해 2028년에는 모든 제품에 종이처럼 재활용 또는 재생 가능한 소재를 쓰겠다고 밝히기도 했다.

하지만 종이가 모든 문제에 해답이 되는 것은 아니다. 가장 큰 이유는 물성이다. 밀폐력이 뛰어난 플라스틱과 달리 종이는 차단성이 약해 산소를 비롯한 외부 물질이 쉽게 투과한다. 식자재나 화장품처럼 내용물이 오랫동안 신선한 상태를 유지해야 하는 산업에서는 치명적인 단점이다. 이에 제지사는 종이를 더 적극적으로 활용하고자 여러 연구를 진행한다. 식품과 화장품 분야에서는 원지의 물성을 개선하거나 코팅 물질을 바꿔 차단성을 높인다. 배달의민족은 플라스틱 코팅을 줄이기 위해 수용성 물질을 코팅한 포장재를 출시하기도 했다. 이미 활발하게 이용하는 종이 완충재는 강도를 높이고 제작 단가를 낮춰 적용분야를 넓히는데 힘쓴다.

그러나 종이에 대한 우려 섞인 시선도 있다. 재활용이 가능하지만 여전히 폐기물을 만들고 플라스틱과 동일한 성능을 발휘하려면 오히려 더 많은 양을 사용해야 한다는 이유에서다. 이에 일부 유통업체에서는 종이 상자 대신 패브릭 소재의 다회용 가방을 제공하기도 한다.

물건을 오랫동안 쾌적한 상태로 유지하는 것이 중요했던 시절, 플라스틱이 최고의 포장재였던 것처럼 시대가 요구하는 가치에 따라 포장 방식은 끊임없이 변화한다. 종이 역시 지금은 이상적인 포장재라 여겨지지만 앞으로도 그럴 것이라 단언하기는 어렵다. 다만 친환경 시대로 향하는 기로에서 여러 시도를 통해 더 나은 방향을 찾고자 하는 것임은 틀림없다.

대표 종이 포장재
10선

포장재로 종이를 선택했다면 무엇을 사용할지
결정하는 과정이 남았다. 일반적으로 포장은 세
번에 걸쳐 이루어지고 각 단계마다 다른 성능이
요구된다. 종이 포장재를 단계에 따라 구분하고
각각에 쓰이는 소재와 특징에 대해 알아보자.

-
글 정신오, 박우진
촬영 협조 무림, 톤28

처음 모습 그대로
1차 포장 Unit Package

내용물을 직접 감싸는 단계다. 개별로
포장한다고 하여 낱포장이나 개별 포장, 단위
포장이라고도 부른다.
　　내용물이 변질되지 않게 보관하는 것이
중요해 종이에 폴리프로필렌이나 폴리에틸렌,
알루미늄을 덧붙이는 방식으로 차단성을 높인다.
이때문에 일반 종이와 함께 재활용할 수 없고
따로 분리 배출해야 한다.

-
진공 봉투
고체 상태의 물질을 담을 때 사용하는 포장재다.
흔히 삼방백, 연포장재라고 부른다. 유분을
흡수하는 노루지나 크라프트지를 재료로 한다. 주로
과자나 알약, 드립백의 포장재로 사용한다.

-

종이 튜브 Paper tube

크림 제형의 내용물을 저장할 때 사용하는 포장재로,
단가가 비싸고 재활용이 어려운 단지^{Pot} 형태의 플라스틱
용기를 대체하기 위해 개발되었다. 강도가 우수한
크래프트지나 재생지를 원료로 하고, 산소가 투과되거나
내용물이 새어 나오는 것을 방지하기 위해 안쪽에
방수막을 코팅하는 것이 특징이다. 최근에는 환경적인
측면을 고려해 콩기름 같은 식물성 원료를 도포하기도
한다. 가격이 저렴하고 가공이 쉬워 플라스틱을 많이
사용하는 화장품 산업 분야에서 특히 주목받고 있다.

-

종이 팩 Carton pack

재활용 과정이 복잡하고 비용이 많이 드는 유리병과
페트병의 단점을 보완하는 종이 용기다. 주로 주스나
우유처럼 유통기한이 짧은 음료를 담을 때 사용한다.
　　종이 팩은 수분에 약한 재료의 단점을 보완하기 위해
천연펄프로 만든 판지에 코팅을 한다. 이때 도포하는
물질에 따라 살균팩과 멸균팩으로 종류가 나뉜다.
살균팩은 판지 양면에 폴리에틸렌을 도포해 만든다.
윗면이 지붕을 얹은 듯한 삼각형 모양인 것이 특징이고
주로 우유 포장재로 사용한다.
　　멸균팩은 폴리에틸렌으로 코팅한 판지 안쪽에
얇은 알루미늄판을 붙이고, 다시 폴리에틸렌을 도포한
직육면체의 종이 팩이다. 알루미늄이 빛과 산소를 차단해
내용물의 맛과 성분을 오랫동안 유지한다. 주로 상온에서
유통하거나 보관하는 두유, 주스의 포장재로 사용한다.

-

종이 캔 Carton cylinder

판지를 7~8겹 감아서 만든 캔 형태의 포장재로, 본체와
바닥, 뚜껑으로 이루어져 있다. 주로 알코올이 없는
청량음료를 보관할 때 사용하고, 최대 500mL를 담을
수 있다. 그러나 유통기한이 길어야 12개월 정도로
짧다. 또 내구성이 약해 충격을 받으면 쉽게 찢어지고,
이 틈으로 산소가 유입되면 내용물이 변질되는
핀홀^{Pin hole} 현상이 나타날 수 있다.

보다 안전하고 깔끔하게
2차 포장 Intermediate packaging

1차 포장한 상품을 한 번 더 보호하기 위해 포장하는 단계로 내장이라고도 부른다. 두 개 이상의
물품을 한데 묶거나 정보를 표기할 목적으로 사용하기도 한다.

-
상자
물건을 포장하는 기본 재료로 개봉 전에 제품을 일시적으로 보관하는
용도다. 내용물이 직접 닿지 않기에 밀폐력보다는 강도와 인쇄
표현력을 중요하게 고려한다. 주로 쓰이는 지종으로는 마닐라지,
크라프트지, 수입지 등이 있고 그중 마닐라삼을 원료로 한 마닐라지를
가장 많이 사용한다. 용도에 따라 표백, 코팅 등의 공정이 추가되면서
종류가 한 번 더 나뉜다.

1 SC 마닐라_ 전면은 표백펄프, 중간층과 후면은
재생펄프로 제작해 단가가 가장 저렴하다. 전면은
흰색을 띠지만 재생펄프를 사용한 후면은 회색이라
인쇄했을 때 색상이 탁해 보인다. 주로 과자 박스 같은
저렴한 상품의 포장재로 쓰인다.

2 아이보리 IV 마닐라_ 전면과 후면은 표백펄프를,
중간층에는 재생펄프를 사용한 종이다. 그 덕에
전후 면은 흰색이지만 단면은 회색을 띤다. 전면은
표면을 평평하고 매끄럽게 만드는 도공 처리를 통해
평활도를 높여서 인쇄 표현력이 좋다. 또 양면의
질감이 달라 서로 다른 분위기로 인쇄가 가능하다.
SC 마닐라와 마찬가지로 단가가 저렴하지만, 색감은
더욱 선명해 과자 박스를 비롯해 화장품 또는 의약품
패키지로 사용한다.

3 로열 아이보리 RIV 마닐라_ 재생펄프가 섞인 위의
두 종이와 달리 100% 천연펄프로 만든다. 전면은
흰색 또는 미색을, 후면은 연한 미색을 띠어 인쇄했을
때 색감 표현력이 매우 뛰어나다. 또한 밀도가
높고 강도가 우수해 단단한 박스를 제작하기에
안성맞춤이다. 하지만 단가가 비싸 고급 제품의
포장재로 사용하는 편이다.

4 경면광택지_ 100% 천연펄프로 제작하는 종이로
캐스트 코팅지(CCP, Cast Coating Paper)라고도
부른다. 양면 모두 백색도가 높아 인쇄 표현력이
우수하다. 또한 전면이 광택을 띠어 별도의 가공
없이도 반짝이는 외관을 구현하고 꺾임성이 좋아
포장재로서 유리한 조건을 갖췄다. 로열 아이보리
마닐라와 마찬가지로 단가가 비싸 화장품이나
의약품에 주로 사용된다.

목적지까지 안전하게 보호하는
3차 포장 Outer package, Shipping container

제품을 운반하기 위한 포장으로, 흔히 겉포장 또는 외장이라고 부른다. 물품을 배송하는 과정에서
상품을 안전하게 보호해야 해 내구성과 강도가 특히 중요하다.

-

골판지 상자 Carton box

조립 방식에 따라 A, B, C, D, G, Y형의 여섯 가지로
구분한다. 그중에서도 택배 박스처럼 위아래의
날개를 접는 A형과 뚜껑을 여닫는 형태로 피자
박스나 선물을 포장할 때 쓰이는 G형 그리고
병 음료나 한약 박스처럼 손잡이까지 한번에
조립하는 Y형을 많이 사용한다.
원료인 골판지는 골의 높이에 따라 종류를
구분하고, 크기가 클수록 완충력이 우수해 더 많은
하중을 지지한다. 크게 A, B, C, E, F, G골 여섯
가지가 있고, 3차 포장재로는 A, B, E골 골판지가
자주 쓰인다.

1 **A골 골판지_** 골의 높이가 4.5~4.8mm로 가장
  크다. 완충력이 우수하지만, 골의 밀도가 낮아
  쉽게 눌리는 단점이 있다. 주로 10kg 이내의
  무거운 물건을 포장할 때 사용한다.

2 **B골 골판지_** 골의 높이가 2.5~2.8mm인
  골판지다. A골보다 완충력이 약한 대신
  압축강도가 높다. 또 절곡성이 우수해 접는
  부위가 많거나 조립 과정이 복잡한 패키지의
  포장재로 적합하다. 택배 박스로 가장 많이
  쓰이고, 최대 5kg까지 적재할 수 있다.

3 **E골 골판지_** 골의 높이가 1.2~1.4mm로 밀도가
  촘촘해 쉽게 찌그러지지 않는다. 하지만 충격에
  약해 완충재를 함께 써야 한다. 주로 3kg 이내의
  작고 가벼운 제품을 포장할 때 사용한다.

포장을 돕는
완충재

제품을 직접적으로 포장하지는 않지만 운반 과정에서 발생하는 충격을 완화하여 내용물이 파손되지
않게 보호하는 자재를 뜻한다. 완충 방식은 포장하는 제품에 따라 조금씩 다르고, 크게 충격을
흡수하는 것과 흔들리지 않게 고정하는 두 가지 방식으로 나뉜다.

-
펄프 몰드 Pulp mold

물에 분해한 펄프를 몰드에 넣고 성형, 건조해 만든 제품이다.
기존의 완충재가 소재의 푹신함을 활용했다면, 펄프 몰드는
제품이 흔들리지 않도록 구조적으로 잡아주어 충격을 방지한다.
덕분에 케이블 타이나 스티로폼을 사용하지 않고도 제품을
고정할 수 있다. 제품에 따라 몰드의 두께도 조절할 수 있어 포장
부피를 줄이는 것이 가능하다. 뿐만 아니라 사용한 후에 다시
펄프로 만들어 재사용할 수 있고, 소각하거나 매립하는 식으로
쉽게 폐기할 수 있어 친환경적이다. 펄프 몰드는 건조 방식에
따라 적재 가능한 하중이 달라지고 크게 세 가지로 나뉜다.

1 **소프트 몰드** Soft mold _ 두께가 1~3mm로 얇은 몰드다. 물체에
뜨거운 공기를 가해 수분을 증발시키는 열풍 건조 방식으로
만든다. 강도가 약해서 최대로 지지 가능한 하중이 10kg 정도로
작다. 생산 방식이 간단한 대신 제작 비용이 많이 들어 형상이
단순하고, 소품종 대량생산하는 제품에 적합하다. 통기성이
매우 우수해 과일과 같이 조리하지 않은 식자재를 포장할 때
사용하고 그중 계란판이 대표적이다.

2 **하이 몰드** Hi-mold _ 두께가 1~6mm인 몰드로 밀폐 상태에서
가열했다가 순간적으로 대기에 수분을 뿜어 열을 식히는 가압
열 건조 방식으로 제조한다. 통기성이 좋고 강도가 높아 최대
20kg까지 적재할 수 있다. 형상이 복잡한 가전제품이나 선물
세트 등에 사용한다.

3 **텍스** Tex _ 두께가 6~30mm로 가장 두꺼운 몰드다. 압축하여
물기를 짜는 압착 탈수 성형 방식 또는 진공상태에서 물을
빨아들이는 진공 탈수 성형 방식으로 만든다. 강도는 세
몰드 중 가장 높지만 통기성이 떨어진다는 단점이 있다. 최대
100kg까지 지지할 수 있어 중량물에 적합하다. 주로 엔진,
콤프레셔 등 산업용 기계의 완충재로 사용한다.

-
종이 에어캡 Paper air-cap

네덜란드의 친환경 포장재 기업인 랜팩Ranpak에서 개발한
완충재로 흔히 뽁뽁이라 불리는 플라스틱 에어캡을
대체하기 위해 만들어졌다. 사용 방식에 따라 구겨서
사용하는 필팩과 늘려서 사용하는 지아미가 있다.
전자는 기계로 일정하게 구긴 크라프트지를 빈 곳에 채워
흔들림을 방지한다. 한번 만들면 형태를 바꾸기 어려운
몰드와 달리 다양한 형상에 대응할 수 있다. 지아미는
크라프트지에 육각형의 틈을 낸 벌집 구조의 완충재다.
제품을 내지로 한 번 감싸고 종이 에어캡을 두르는
방식으로 포장한다. 종이를 잡아당기면 촘촘하게 타공한
육각형 구멍이 벌어지면서 길이가 늘어나 적은 양으로도
넓은 면적을 포장할 수 있다. 단점은 두 자재 모두 플라스틱
에어캡보다 많은 양을 사용해야 하고, 가격이 1.5~2배
정도로 비싸다.

-
페이퍼 쿠션 Paper cushion

두 겹의 종이 사이에 공기를 주입해 쿠션 형태로 만든
완충재이다. 재생지를 원료로 하고 생분해가 가능해
환경친화적이다. 국내에서는 무림페이퍼와 CJ 대한통운이
별도의 접착제를 쓰지 않고 열을 가해 밀봉하는 완충재를
개발해 배송에 이용하고 있다.

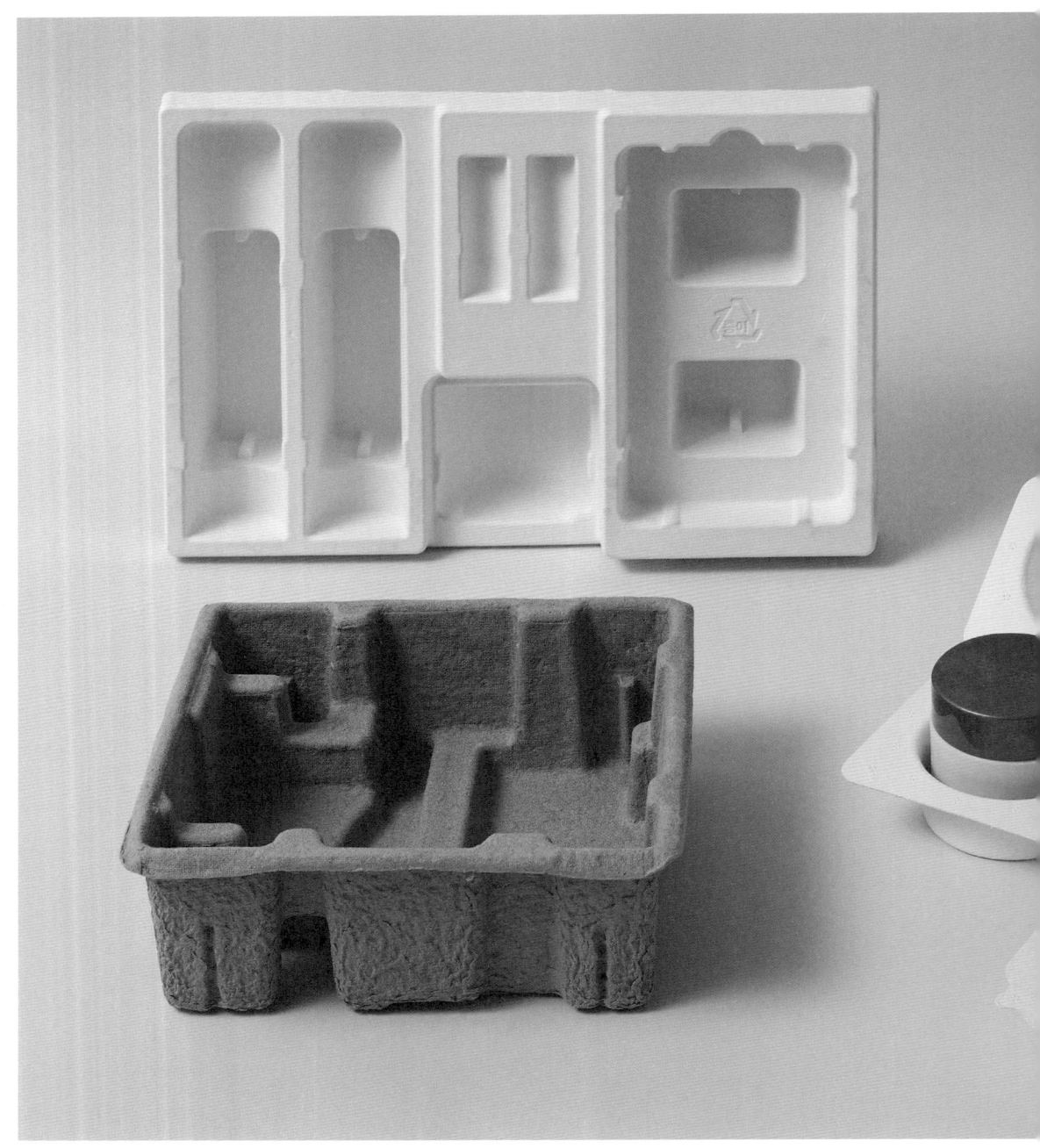

폐지 더미에서
돌파구를 찾다

-
글 정신오
인터뷰이 **리베이션 이민성 대표**

포장재는 물건을 보호하는 본연의 역할이 끝나면 금세
폐기물이 되어 환경에 나쁜 영향을 끼친다. 기업은
친환경 포장을 고민하지만 자력으로 실효성 있는
대안을 찾기란 쉽지 않다. 친환경 패키징은 어디서부터
시작해야 할까? 소재의 개발부터 디자인, 생산까지
패키징의 모든 과정에 참여하며 올바른 포장재를
고민하는 리베이션에게 그 답을 들었다.

친환경 패키징 A to Z

일회용품처럼 한번 쓰고 버려지는 포장재의 그질적인
문제를 해결하기 위해서는 기획부터 생산에 이르는 모든
과정을 함께 고민해야 한다. 그러나 소재 연구는 전문 지식을
필요로 하고, 포장재로 제작하는 과정 역시 너무도 복잡한
탓에 대부분의 기업은 디자인과 생산을 분리하여 진행한다.
리베이션은 이러한 산업구조에 대응하여 친환경 포장재에
대한 토털 솔루션을 제공한다.
　　진행 방식은 크게 두 가지로 나뉜다. 첫 번째는 기획
단계부터 참여해 전반적인 방향과 실천 방안을 기업과 함께
계획하는 것이다. 오늘날 친환경은 모두 함께 해결해야 할
과제이지만 그 방법을 명확하게 정의할 수 있는 이들은
많지 않다. 기준이 모호하기는 기업 역시 마찬가지다. 이에
리베이션은 가장 먼저 컨설팅을 통해 브랜드가 추구하는
친환경이 무엇인지를 논의한다. 방향이 정해지면 브랜드의
성격과 시장 트렌드를 반영하여 패키지를 디자인하고,
그에 적합한 소재를 개발한 뒤 제품화한다. 이러한 토털
솔루션 체계를 만들기 위해 생산 공장을 함께 운영하며
품질을 관리한다. 두 번째는 생산 과정부터 참여하는
것이다. 기업에서 패키지를 디자인하면 리버 이션이
자사에서 개발한 소재로 제품을 양산한다. 디자인과 생산이
분리된다는 점에서 기존의 방식과 유사하지만 친환경
소재를 이용하는 것만으로도 많은 양의 폐기물을 줄일 수
있어 의미가 있다.

소재에서 시작하는 친환경 패키지

친환경 패키지를 준비할 때 고려해야 할 점을 묻는 질문에 리베이션의 이민성 대표는
"기획 단계부터 재활용, 재사용이 어려운 플라스틱을 배제하는 것"이라고 말한다. 물쓰듯
소비되는 플라스틱을 줄이기 위해 리베이션에서는 직접 대체 소재를 개발한다. 그들의
손길을 거치면 커피박(커피 찌꺼기)이나 석회석, 목분 같은 폐기물도 제품의 원료가
된다. 커피박에 생분해 소재를 배합한 커피칩Coffee chip 역시 같은 목적으로 개발됐다.
이들은 분해되기까지 오랜 시간이 걸리는 플라스틱의 단점을 보완하는 데다 쓰임을 다한
재료를 재사용해 더욱 친환경적이다. 개발된 소재는 화장품 용기나 식품 포장재 등에
다방면으로 활용된다.

플라스틱을 대체하는 종이 완충재

페이퍼 몰드는 전체 생산량의 70%가량을 차지하는 리베이션의 대표 제품이다.
사실 종이를 원료로 하는 몰드는 오래전부터 존재했다. 펄프 몰드나 펄프 트레이라는
이름으로 익숙한 소프트 몰드(이하 펄프 몰드)가 바로 그것이다. 펄프 몰드는 제작하기는
쉽지만 모양이 투박하고 강도가 낮다. 또 금형이 비싸 많은 물량을 생산할 때에만
제한적으로 쓰인다. 반면 페이퍼 몰드는 금형의 제작 비용이 펄프 몰드보다 80%
더 저렴해 다품종 소량생산에도 적합하다. 게다가 내구성이 우수하고 완충력이
좋아 기존에 쓰이던 스티로폼(폴리스티렌, PS, Polystyrene)이나 폴리에틸렌
테레프탈레이트(Polyethylene Terephthalate, 이하 PET)의 대체재로 적용이
가능하다. 애플은 일찌감치 이러한 장점에 주목해 2017년부터 패키지 박스의 휴대폰
고정재로 페이퍼 몰드를 사용하고 있다. 우리나라에서는 삼성전자, LG전자와 같은
가전 브랜드에서 처음 썼고, 지금은 화장품이나 생활용품으로 적용 범위가 확대됐다.
이민성은 "아직은 페이퍼 몰드가 2차 포장재로 한정되게 쓰이지만 점차 물성을 개선해
화장품이나 음료 용기까지 용도를 넓혀갈 계획"이라고 밝혔다.

1

1
리베이션에서 개발한 화장품 용기.
커피박과 목분, 목재칩, 석회석 등을
사용했다.

2, 3, 4
다양한 용도로 쓰이는 페이퍼 몰드.
(위쪽부터) 일회용 컵, 화장품 패키지,
화장품 완충재.

재료의 순수함을 담은 패키지

2020년 샤넬은 브랜드를 상징하는 No.5 향수의 패키지로
대표 색상인 검은색 대신 흰색 페이퍼 몰드를 선보였다.
포장재를 염색하는 과정에서 대량의 폐수가 발생한다는
이유에서다. 이처럼 최근 여러 브랜드에서 포장재에
염색이나 코팅을 줄이고 있다. 리베이션은 일찍이 염색의
문제점을 파악하여 색을 입히지 않은 패키지를 만들었다.
대신 하나의 제품에 한 가지 원료만 사용하는 방식으로 재료
본연의 색을 드러내 차이를 주었다. 색상은 백상지를 원료로
한 화이트와 신문지를 사용한 그레이, 판지를 쓴 브라운까지
세 가지로 모두 한눈에 소재를 추측할 수 있을 정도로 질감과
색감이 선명하다. 인쇄가 필요한 경우를 대비해 환경에
미치는 영향이 적은 수성 인쇄기법을 개발하기도 했다.
이렇듯 친환경적인 제작법을 위해 여러 대안을 고안하지만
사실 그들이 진정으로 추구하는 목표는 가공을 최소화하여
재료의 질감이 그대로 드러나는 패키지를 만드는 것이다.

"장기적으로 본다면 인쇄를 하지 않는 것이 가장
좋습니다. 굳이 인쇄를 해서 소재 본연의 모습을 숨길
이유가 없다고 생각해요. 꼭 표기해야 하는 정보는 형압으로
입체감을 살리거나 라벨을 감싸는 방식으로도 충분히
표현할 수 있습니다."

2

©리베이션

3

©리베이션

4

©리베이션

리베이션 Revation
친환경 제품을 기획하고 제작하는 그린 솔루션 회사로, 디자인과 기술을 융합해 환경문제를
개선하는 것을 목표로 한다. 컨설팅부터 디자인, R&D, 생산까지 모든 과정에 참여하며 기업에
친환경 패키징 솔루션을 제안하고, 페이퍼 몰드를 비롯해 커피박이나 석회석 등을 원료로 한
신소재를 개발하여 플라스틱 사용량을 줄이는 데 힘쓴다.

www.revation.co.kr

산소와 물을 막는 종이 포장재

과자 봉지를 뜯으면 보이는 안쪽의 은박 비닐, 매일 무심코 지나치는 이 포장재는 사실 필름에 알루미늄을 접착하고 코팅을 덧입히는 복잡한 과정을 거쳐 만들어진다. 문제는 여러 소재가 섞이다 보니 분리하기가 어렵고 분해도 되지 않는다는 것. 이에 한솔제지에서는 배리어 코팅 기술을 접목해 동일한 기능을 수행하는 종이 포장재를 개발했다. 프로테고가 세상에 나오기까지의 긴 여정을 함께한 정하윤 책임을 만나 그 탄생기를 들었다.

감씨(감): 프로테고는 플라스틱과 알루미늄으로 만든 연포장재를 대체한다. 기존의 포장재와 어떤 차이점이 있나?

정하윤(정): 현재 우리가 사용하는 비닐 포장재는 세 가지의 필름을 합지해 만든다. 가장 바깥면은 인쇄를 입힌 폴리에틸렌 테레프탈레이트(이하 PET) 필름이다. 중간에는 알루미늄이 튼튼한 장벽 역할을 수행하며 외부 물질의 유입을 막는다. 마지막으로 가장 안쪽 층에는 열접착성이 있는 소재가 자리를 지키며 포장재의 밀봉을 담당한다. 일례로 라면 봉지는 끝을 밀봉할 때 접착제가 아니라 소재 자체의 특성을 이용한다. 봉지 가장자리에 열을 가한 상태에서 압착하면 필름이 서로 맞붙으면서 밀봉된다. 이렇게 열에 잘 녹으면서 서로 달라붙는 성질을 열접착성이라 한다. 또 가장 안쪽 층은 내용물이 직접 닿는 부위이기 때문에 내화학성도 필요하다. 대개는 이 두 가지 성능을 갖추면서 가격이 저렴한 저밀도 폴리에틸렌(Low Density Polyethylene, 이하 LDPE)을 사용한다.

　문제는 세 종류의 다른 필름이 결합돼 있다 보니 이 포장재를 분리하기가 쉽지 않다는 것이다. 어느 것으로도 재활용이 어려워 대부분은 소각하고, 그 결과 쓰레기가 넘쳐나는 현 상황에서 큰 비중을 차지하게 되었다. 반면 프로테고는 종이만 분리해서 재활용하는 것이 가능하다. 이것이 기존 포장재와의 가장 큰 차이점이자 프로테고를 개발한 이유다.

감: 프로테고는 어떤 부분을 대체하나?

정: 가장 바깥면에 놓이는 인쇄층과 알루미늄이 담당하는 배리어층, 이 두 가지 역할을 수행한다. 원지의 한쪽 면은 배리어 코팅을 해서 차단성을 부여하고 다른 면에는 필요한 정보를 인쇄한다. 여기에 LDPE 필름을 붙이면 포장재가 완성된다. 가벼운 제품을 포장하는 경우에는 프로테고만 단독으로 사용하기도 한다. 접착부가 떼어질 때의 힘을 열접착강도라 하는데, 열접착강도가 20N에 달하는 LDPE 필름과 비교하면 낮은 편이지만 프로테고도 6~7N 정도의 접착성을 갖고 있다. 그래서 마스크 정도의 무게는 혼자 감당할 수 있다.

-
인터뷰 **정경화**
인터뷰이 **한솔제지 중앙연구소 정하윤 책임**

감: 재활용은 어떻게 하나?

정: 다른 폐지와 마찬가지로 우선은 물에
풀어내는 해리 공정을 거친다. 그러면 물보다
가벼운 필름은 위로 뜨고 펄프는 가라앉아
서로 분리된다. 해리 공정을 통해 얻은 펄프는
다시 종이의 원료로 사용하고, 필름은 소각해
열에너지로 이용한다.

감: 현재 프로테고는 어떤 용도로 쓰이고 있나?

정: 시리얼이나 커피 등의 식품, 방역 마스크나
비누 같은 생활용품, 그리고 일회용 앰플이나
마스크팩 등의 화장품에 포장재로 적용한다.
최근에는 호주로 수출하는 마스크팩에도 쓰였다.
마스크팩은 포장재가 차단 능력을 적절히
발휘하지 않으면 적도 부근의 고온다습한 해상을
지나는 동안 수분이 증발해 버려 에센스로서의
기능을 상실하게 된다. 법적으로는 표기된
중량의 95%에 미달하면 불량으로 보는데,
프로테고로 포장한 제품이 몇주간의 운송
과정을 거치고도 이 기준을 통과했다. 이 제품이
수출에 성공하면서 다른 곳으로도 자유롭게
유통할 수 있게 됐다.

**감: 소재를 적용하면서 어려웠던 부분은
무엇인가?**

정: 가장 어려운 부분은 작업성과 가격이다.
아직은 모든 가공 설비가 플라스틱에 최적화되어
있다. 그래서 종이를 넣으면 쉽게 찢어지고
하자가 발생하는 경우도 부지기수다. LDPE를 더
강도 높은 소재로 대체하는 연구를 하고 있지만
근본적으로는 설비가 소재에 맞게 바뀌어야 한다.
포장재의 기준 또한 마찬가지. 종이로 금속이나
플라스틱에 준하는 물성을 낼 수는 없다. 종이
패키지에 맞는 기준을 찾아가야 한다.

　아직은 기존 플라스틱 포장재보다 종이
포장재의 사용량이 작기 때문에 상대적으로
가격이 높은 편이지만, 친환경 패키지에 대한
수요가 증가함에 따라 프로테고의 생산량 또한
늘고 있다. 점차 가격 경쟁력까지 갖추게 될
것으로 기대한다.

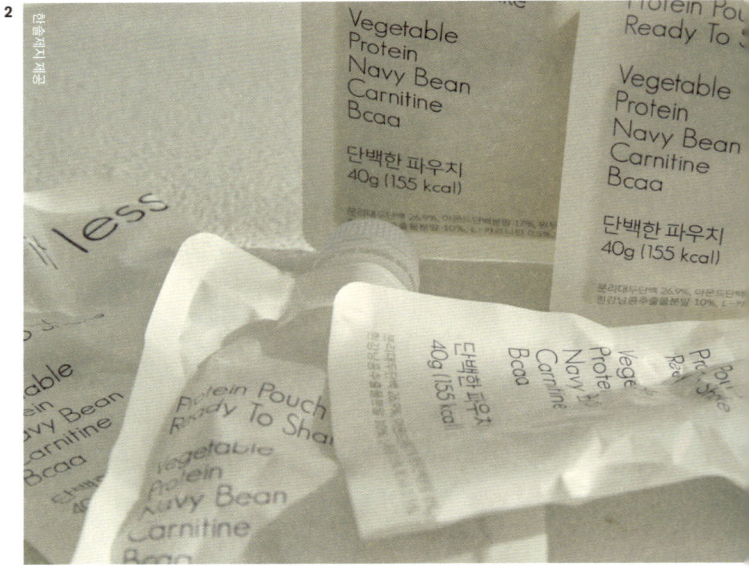

1, 2 프로테고로 제작한 마스크팩과 단백질 쉐이크의 포장재.
3 한솔제지 중앙연구소의 프로테고 실험실 전경.
4, 5 프로테고의 차단 성능을 확인하는 산소투과도 측정기와 수분투과도 측정기.

감: 앞으로의 목표가 궁금하다. 이를 위해 어떤
연구를 수행하려 하나?

정: 앞으로 1~2년은 배리어 코팅 품질을 조절하는
기술을 바탕으로, 포장하는 내용물에 맞추어
프로테고의 성능을 최적화하는 것에 집중할
계획이다. 기존의 포장재는 애초에 차단성이
뛰어난 알루미늄을 썼기에 다양한 제품을 개발할
필요가 없었다. 그러나 모든 제품에 그만큼의
차단성을 적용해야 하는 것은 아니다. 내용물이
마스크일 때와 라면일 때 포장재에 요구되는
차단성이 다른 것처럼 말이다. 앞으로는 제품군을
나누어 각각에 적합한 산소와 수분 차단 성능을
결정하고 여기에 맞춰 코팅을 여러 단계로 조절해
나가야 한다. 현재 프로테고는 네 가지 종류가 있고
다섯 가지를 추가로 개발 중이다. 중장기 목표는 더
친환경적인 코팅 소재를 찾는 것이다. 현재로서는
산소 차단성이 뛰어난 나노 셀룰로오스가 가장
유력한 후보다.

결국 포장재 산업은 종이가 아니라 플라스틱
필름과의 경쟁이다. 종이 포장재 시장에서 1위를
하더라도 정작 제품에 적용이 되지 못하면 실패한
것이다. 그런 면에서 봤을 때 종이 포장재는
이제부터가 시작이다.

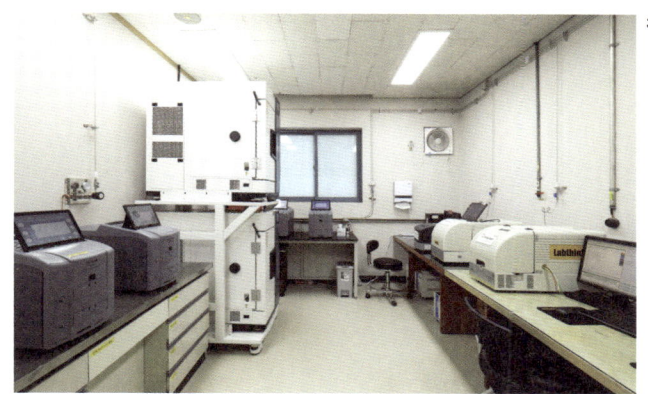

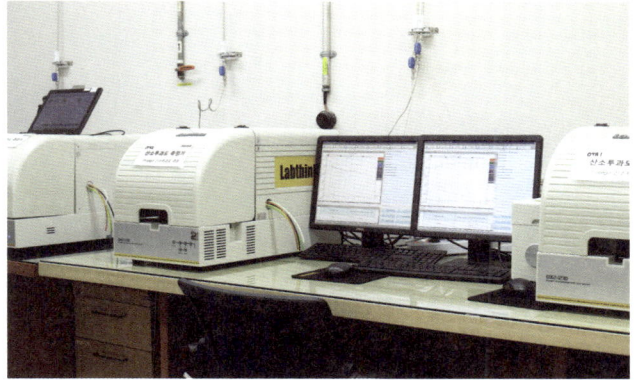

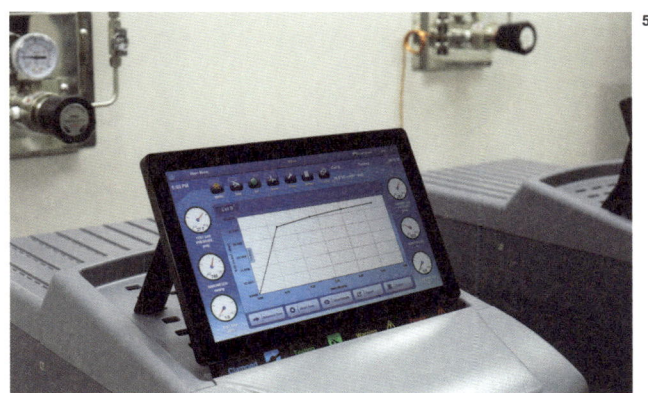

정하윤(한솔제지 중앙연구소 책임)
고분자공학을 전공했고 2007년부터 한솔제지 중앙연구소에서 종이를 연구 중이다.
2014년 프로테고의 개발 초기부터 함께 참여해 브랜드를 론칭했으며, 친환경성과 품질을
개선하는 것을 목표로 연구를 지속하고 있다.

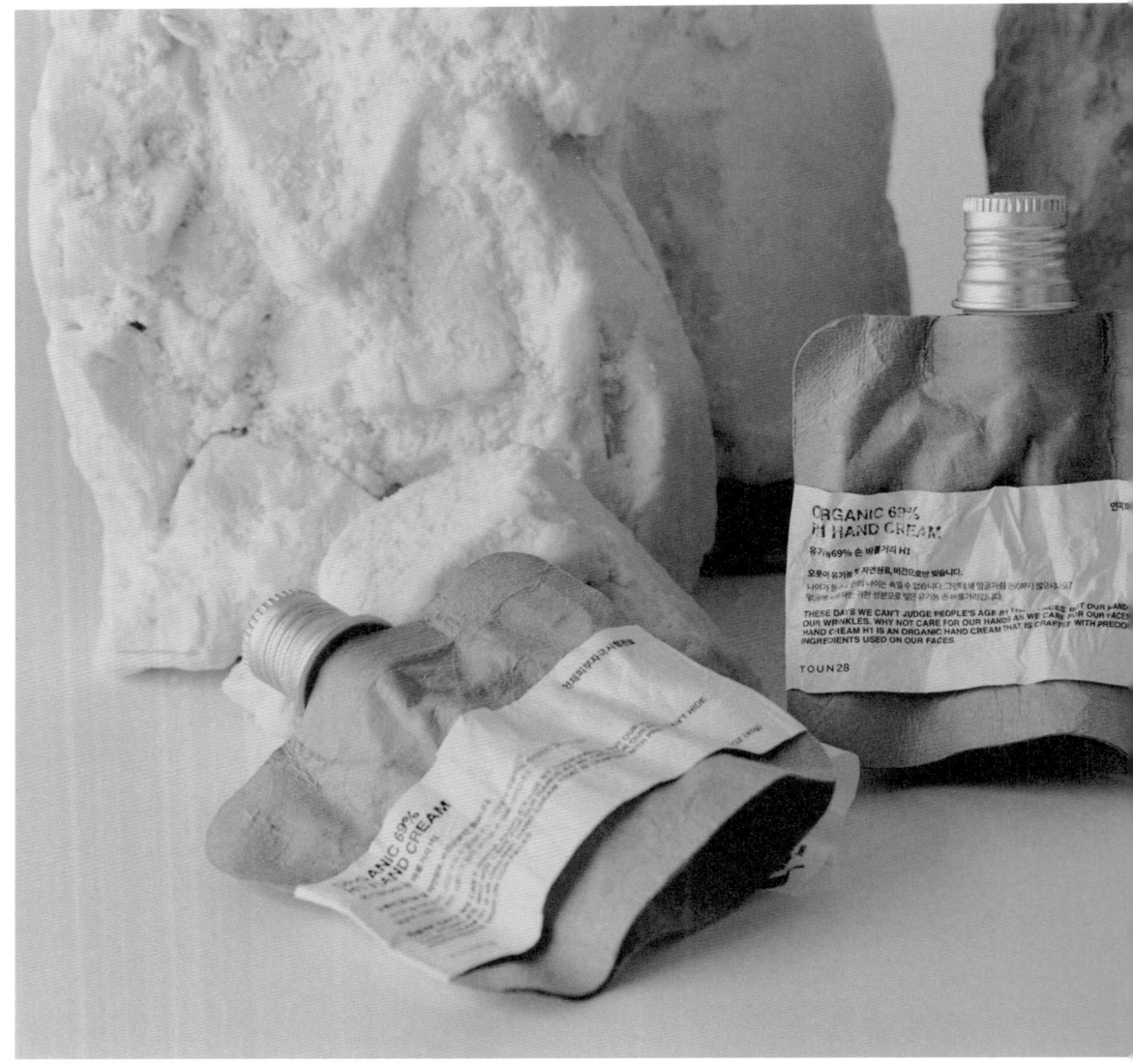

친환경을 실천하는
패키지

'변화를 위해 행동합니다(Act for Change)'. 톤28의 사무실 곳곳에 붙은 문구다.
이곳에서는 인체와 환경에 미치는 영향을 최소화하기 위해 원료부터 패키지, 배송
방식까지 모든 과정에 심혈을 기울인다. 그 모습을 보면 그들이 내건 슬로건이 곧
톤28의 행보이자 철학임을 알 수 있다. 특히 플라스틱을 대신하기 위해 개발한 종이
용기는 작은 부분까지 친환경을 생각하는 섬세한 마음이 엿보여 더욱 애정이 간다.

감씨(감): 톤28에 대해 소개해 달라. 어떤 화장품을 만드나?

정마리아(정): 피부는 계절과 호르몬에 따라 형질이 조금씩 변한다. 우리는 이러한 변화 주기에 맞춰 신선한 화장품을 공급하는 '화장품 구독 서비스'를 제공한다. 브랜드를 론칭한 2017년에 선크림을 선보인 것을 시작으로 핸드크림, 스킨, 로션까지 제품군을 확장했다. 지금은 샴푸 바나 고체 세제 같은 생활용품도 함께 만들며 피부와 환경에 모두 유익한 '올바른 바를 거리'를 제공하기 위해 노력한다.

감: 초기 목표는 피부의 변화 주기에 맞춰 신선한 화장품을 보내주는 것이었다. 여기에 친환경을 접목하게 된 계기가 있나?

박준수(박): 필요한 시기에 맞춰서 제품을 만들어 공급하면 신선한 화장품을 사용할 수 있어 피부는 건강해지지만 쓰레기는 더 많이 생긴다. 1년에 2개로 충분했던 화장품 용기가 구독 서비스를 이용하면 10~12개로 늘어나기 대문이다. 피부를 건강하게 유지하기 위해 고안한 방법이 환경에 악영향을 끼친다는 데에 마음이 쓰였다. 과정까지 아름다운 화장품을 만들고 싶어 친환경도 함께 고민하게 됐다.

감: 어떤 방법으로 친환경을 실천하나?

정: 우선 포장재를 재활용 가능한 소재로 바꿨다. 브랜드를 준비할 당시인 2015년만 해도 화장품 용기는 대부분 플라스틱이었다. 특히 초록색이나 갈색으로 염색한 것이 많았는데 색소를 첨가하면 재활용이 어렵다. 또 가격이 비싸 단가의 90%를 원료에 투자하겠다는 브랜드 방향과도 맞지 않았다. 그래서 직접 크라프트지를 원료로 한 용기를 개발했다. 지금 사용하는 용기는 화장품이 나오는 토출구와 뚜껑을 제외하고는 모두 종이로 이루어져 있다.

-
인터뷰 **정신오**
인터뷰이 **톤28 박준수, 정마리아 공동대표**
사진 제공 **톤28**

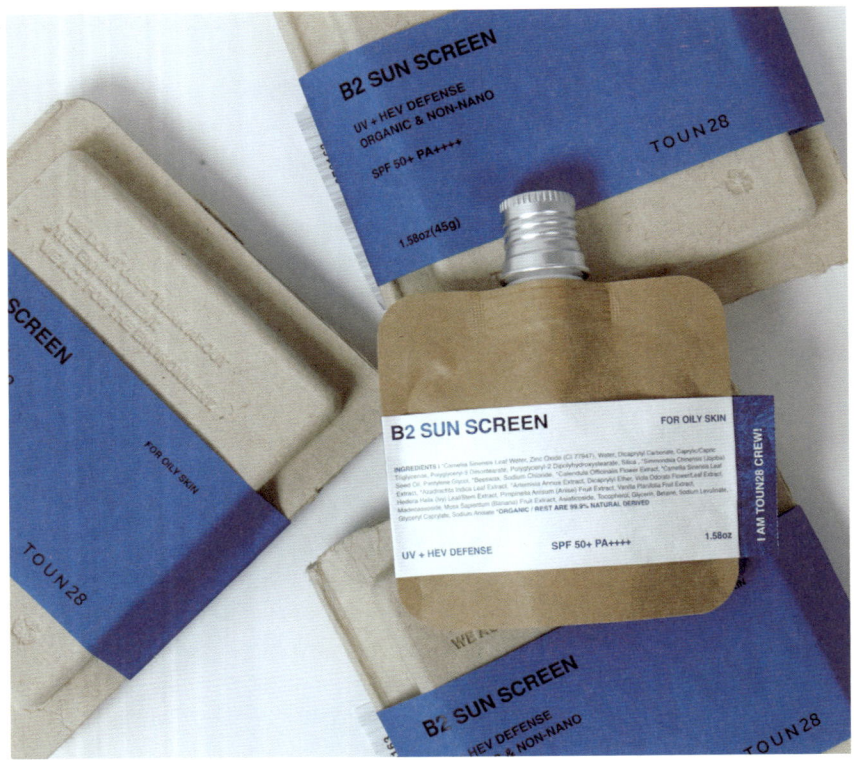

1

감: 종이 용기를 개발하는 과정에서 어려움은 없었나?

박: 쉽지 않았다. 가장 큰 문제는 산소 투과도였다. 공극이 적은 유리나 플라스틱과 달리 종이는 격자 구조라 산소가 쉽게 투과한다. 화장품은 산소와 접촉하면 화학반응이 일어나서 수분이 줄어든다. 그러면 형질이 변하고 부패하기 쉬운 상태가 된다. 용기가 부풀어서 터지거나 찢어질 위험도 있다. 우리는 용기 표면에 콩기름을 코팅하는 방법으로 산소 투과도를 낮췄다. 이 때 유분으로 인해 포장재가 오염되거나 끈적이지 않도록 비율을 세심하게 조절했다.

정: 겉보기에는 튜브 형태의 짜 먹는 아이스크림 패키지처럼 보여 쉽게 개발했을 거라고 오해하지만 그렇지 않았다. 적합한 형태를 찾기 위해 손으로 일일이 종이를 잘라 붙였고, 모양마다 화장품 추출량을 검토했다. 형태를 정한 다음에는 대량생산이 가능한 공장을 찾아다녔다. 당시만 해도 종이로 화장품 패키지를 만드는 곳이 드물어 거절도 많이 당했다.

감: 제품을 출시했을 당시 시장의 반응이 궁금하다.

정: 대부분 비판적이었다. 화장품 맞춤 구독 서비스를 실현하려면 직접 사람을 만나며 피부 형질을 확인하고 일정 기간마다 꾸준히 제품을 공급해야 한다. 여기에 더해 패키지까지 개발하니 과정이 복잡하고 수익성이 떨어진다는 이유에서다. 종이 용기를 투박하다고 느끼고 불편해 하는 이들도 많았다.

감: 지금은 어떻게 변화했나?

정: 코로나 바이러스감염증19로 음식을 배달하거나 물건을 배송하는 빈도가 잦아지면서 폐기물이 크게 늘었다. 사람들이 그 양을 실감하기 시작했고, 소비 패턴이 환경을 보호하는 방향으로 조금씩 바뀌고 있다. 브랜드를 기획하던 초기부터 친환경을 실천하고자 했던 우리의 노력이 조금씩 공감을 얻고 있다.

감: 종이는 인쇄하거나 스티커를 붙이면 재활용률이 급격히 떨어진다. 이 부분은 어떻게 대처했나?

박: 인쇄나 스티커는 정보를 표기하기는 쉽지만 표면에 이물질을 남겨 환경에 좋지 않다. 우리도 스티커를 사용하면서 같은 문제를 겪었다. 지금은 법적으로 번호를 기입해야 하는 부분만 인쇄하고 나머지 정보는 라벨에 표기한다. 이것을 용기에 두르면 패키지에 접착제가 묻지 않는다. 라벨은 가위로 자르면 깔끔하게 분리돼 재활용이 쉽다.

감: 이 밖에 사용하는 종이 포장재가 있다면 소개해 달라.

정: 여러 제품을 포장할 때는 재활용 종이를 물에 풀어서 반죽상태로 만든 뒤 박스 형태로 찍은 소프트 몰드(이하 펄프 몰드)를 사용한다. 고체 화장품은 식물성 펄프로 제작한 종이 상자로 포장한다. 간혹 제품 정보를 표기해야 하는 경우에는 콩기름 같은 식물성 잉크로 인쇄해 재활용률을 높인다.

감: 그동안 종이 패키지를 사용해 얻은 환경적 효과는 어느 정도인가?

박: 종이 패키지 세 개를 사용하면 ˉ.5L 크기의 플라스틱 페트병 하나를 쓰지 않은 것과 같은 효과를 낸다. 이를 기준으로 5년간의 판매량을 환산하면 페트병 70만 개를 줄인 것과 같다. 이는 연간 플라스틱 때문에 죽는 2억 마리의 동물 중 6900마리를 살리는 양이다.

감: 종이가 아닌 다른 소재의 포장재를 사용하기도 하나?

정: 스킨 같은 액상 화장품은 유리병에 포장한다. 액상 제품 중에서도 용기가 깨졌을 때 크게 다칠 수 있는 공간에서 사용하는 것은 알루미늄병에 담는다. 사실 두 소재 모두 단가가 비싸 화장품 브랜드에서는 잘 적용하지 않는다. 대개는 플라스틱을 투명하게 제작해 쓴다. 하지만 우리는 재활용을 더 중요시하기에 유리를 고집하고 있다.

1 톤28에서 개발한 종이 패키지. 재활용 가능한 종이를 적용해 친환경을 실천하고자 했다.
2 식물성 펄프로 만든 종이 상자. 라벨을 용기의 둘레보다 길게 제작해 제품 정보를 표기했다.
3 단상자를 사용할 때에는 친환경 종이를 사용하고 콩기름 같은 식물성 잉크로 정보를 인쇄한다.

감: 브랜드와 협업하며 쓰레기를 줍는 플로깅plogging 활동을 한다.

정: 아무리 글이나 그림으로 친환경에 대해 설명해도 의지가 없으면 보지 않는다. 결국 실천이 답이라는 생각에 직접 참여하는 자리를 만들었다. 지금까지 디프다제주, 와이퍼스, 플로빙코리아와 플로깅 활동을 했다.

감: 꾸준히 그 행보를 이어오고 있다.

박: 플로깅은 누구나 쉽게 할 수 있는 일상적인 일이다. 우리는 사람들이 평소에도 쓰레기를 주우면서 버려지는 양을 실감하고 개인이 환경에 미치는 영향을 느꼈으면 해 톤28 무브먼트 @toun28_movement라는 SNS 채널을 통해 플로깅을 알리고 있다. 이 계정으로 신청하면 쓰레기를 담을 가방과 캠페인 티셔츠로 구성된 키트를 받을 수 있다. 이걸 착용하고 플로깅을 한 후에 인증 게시물을 올리면 한 건당 1000원씩 환경단체나 유기견 보호센터에 기증된다.

1

1
호텔이나 병원에 제공하는 친환경 어메니티. 종이로 포장한 제품을 중심으로 선별한다.

2
톤28은 플로깅 활동을 전파하며 일상에서 친환경을 실천하도록 돕는다.

2

감: 글래드 호텔이나 세브란스병원, 아산병원 등에 어메니티Amenity를 제공한다. 어메니티는 일회성이 강한데 시작하게 된 계기가 궁금하다.

정: 2022년부터 숙박업소에서 일회용품을 무료로 제공하지 못하는 지침이 시행되면서 어메니티 제작 요청이 늘었다. 말한 것처럼 어메니티는 일회성이 강하다. 하지만 숙박 공간에서 일회용품을 전혀 제공하지 않을 수 없으니 차선책으로 다회용 제품을 판매하는 것이다. 우리는 종이로 포장한 화장품을 공급해 환경에 미치는 영향을 줄이고 있다.

감: 소비자는 어떤 관점으로 친환경 패키지를 바라봐야 할까?

박: 브랜드는 여러 사람들이 사용하는 제품을 만들기 때문에 보편적이고 안전한 기준을 잡는다. 그래서 폐기물을 완전히 없애기 어렵다. 제로 웨이스트Zero Waste를 실천하는 이들에게는 여전히 미덥지 못한 부분이 많을 것이다. 하지만 사소한 습관이 모여 큰 변화를 이루는 것처럼 한 명의 제로 플라스틱보다 만 명의 레스 플라스틱이 더 큰 효과를 발휘한다. 완벽하지는 않지만 많은 이들이 조금이라도 친환경을 실천하고자 노력하고 있다는 점에 의의를 두었으면 좋겠다.

톤28toun28

톤28의 톤toun은 이마와 코의 T존과 눈가의 O존, 턱선의 U존, 그리고 입가의 N존을 축약한 단어로, 28일마다 변하는 기후와 피부 세포주기, 여성의 생리주기를 반영한 바를 거리를 제공한다는 의미다. 친환경을 넘어 필환경의 시대에 사람과 환경을 함께 지키는 화장품을 만들고 고민한다.

www.toun28.com

4

SPACE OF
PAPER

공간에서
발견하는
종이 자재 6선

종이는 공간에 빈번하게 쓰이는 재료가
아니다. 그러나 뛰어난 가공성과 유연한
물성을 가져 건축자재로써 새로운
가능성을 품고 있다. 일부 업체에서는
이러한 특징에 일찌감치 주목해 종이
자재를 개발하기도 했다. 공간 속 종이의
모습을 짚으며 재료에 숨겨진 매력을
탐구해 보자.

글 정신오

-

벽지Wallpaper

실내 벽이나 천장에 바르는 마감재로 소재가 유연한 덕분에
다채로운 형상의 면을 감쌀 수 있다. 또 원지 위에 인쇄하는
방식으로 제작해 공간에 색과 패턴을 더하는 것이 가능하다.

　　주로 평량이 80~95g/m²인 벽지 원지에 다른 소재를
덧붙이거나 표면을 코팅해 사용한다. 대표적으로 두 겹의 원지를
붙여 만든 합지 벽지와 PVC를 코팅한 실크 벽지가 있다. 전자는
실크 벽지보다 저렴하고 종이의 격자 구조가 살아 있어 통기성이
우수하다. 단점은 얼룩이 묻으면 지우기 어렵고 습기에 약하다.
반면, 실크 벽지는 PVC를 입혀 내구성과 방수성이 뛰어나고
얼룩이 생겨도 쉽게 닦인다. 그러나 통기성이 약하다. 또 제작
과정에서 포름알데히드와 같은 유해물질을 사용하기에 친환경
인증을 확인하는 것이 좋다. 최근에는 옥수수나 사탕수수와
같은 식물성 원료로 만든 천연 벽지도 등장하고 있다.

-

종이 보드 Paper board

잘게 분해한 재활용 판지에 펄프를 만드는 과정에서 발생한
잔류물Sludge을 섞고 열과 압력을 가해 굳힌 판상재이다. 펄프의 성분인
리그닌이 접착제처럼 입자를 강하게 잡아주어 자재를 단단하게 만든다.
강도는 약 1200N·m 정도로 MDF와 비슷하다. 주로 천장이나 벽의
마감재로 사용하고 나사못을 박거나 접착제를 발라 고정한다. 아직
국내에는 상용화되지 않았지만 해외에서는 MDF와 파티클 보드의
대체재로 활발하게 연구 중이며 매장이나 업무 공간에 적용하기도
한다(p.102 참고).

-

섬유강화 시멘트 보드
CRC board, Cellulose fiber Reinforced Cement board

셀룰로오스를 섬유 형태로 가공하고 포틀랜드 시멘트와 규사, 물을
혼합한 뒤 압력을 가해 만든 판재다. 온도 변화에 따른 수축팽창이 적고
습기에 강해 뒤틀리지 않는다. 덕분에 주방이나 욕실처럼 물을 사용하는
공간에도 적용이 가능하다. 그러나 가공 과정에서 먼지가 많이 발생하고
모서리가 쉽게 깨진다. 이를 보완하기 위해 제조 단계에서 미리 철물의
위치에 맞춰 구멍을 뚫거나 접착제를 발라서 고정한다.

셀룰로오스 단열재

폐지에서 추출한 셀룰로오스에 전분과
폴리프로필렌 수지를 혼합해 만든 단열재이다.
열전도율은 0.04W/mk로 0.036W/mk인
암면과 비슷하다. 국내에서는 2010년도 후반에
패시브하우스와 저에너지주택이 떠오르면서
주목받았다.

　셀룰로오스 단열재는 화학 물질을 첨가하는
일반적인 단열재와 달리 식물성 물질을 원료로
하여 친환경적이다. 쓰임을 다한 후에는 재생가능한
성분만 추출해 재사용하는 것도 가능하다. 그러나
프레임의 크기에 맞춰 하나하나 재단해야 하고 전문
설비를 써야 해 작업이 번거롭다. 철근콘크리트
구조보다는 축열 성능이 약한 목조주택의 단점을
보완하는 용도로 사용한다.

-
페이퍼크리트 Papercrete

포틀랜드 시멘트와 물, 재생펄프를 혼합해 만든 콘크리트로,
이산화탄소 배출의 주범인 시멘트의 사용량을 줄이기 위해
개발됐다. 펄프가 섬유처럼 기능해 기존의 콘크리트보다
인장력과 축열 성능이 우수하다. 그러나 압축강도가 낮아
수직부재보다는 수평부재에 쓰는 것이 좋다. 국내에서는
아스팔트처럼 반복적으로 충격이 가해져 예상 수명보다 변형이
빠르게 진행되는 곳에 적용한다. 페이퍼크리트를 벽돌 형태로
만든 페이퍼 블록도 있지만, 물성 값이 표준화되어 있지 않아
아직 건축물에는 적용하지 않는다.

-
종이 관 Cardboard tube

판지를 이용해 만든 관으로, 다양한 크기로 생산할 수 있고
내화성이 강하다. 또 강도가 높아 구조재로도 활용이 가능하다.
일본의 건축가 시게루 반 Shigeru Ban은 종이 관을 이용해
임시대피소, 성당, 파빌리온 등의 건축물을 종이로 구현하기도
했다.

종이 관은 생산 방식에 따라 연마지관 Caulking Tubes과
압출지관으로 나뉜다. 전자는 종이를 감아 만든 겻으로, 가장
대중적이다. 종이를 감는 과정에서 표면에 요철이 생기지만
코팅하거나 필름을 덧붙여 그 정도를 줄일 수 있다. 건축에서는
폐기하는 데 많은 비용이 드는 플라스틱 배수·오수 관을
대체하는 용도로 쓴다. 후자는 치약을 짜듯 금형에 펄프를 넣고
압력을 가해 밀어내는 방식으로 제작한다. 덕분에 표면에 요철이
적고 안팎에 투명한 OPP 필름 Oriented Polypropylen Film을 붙여
습기에 강하다. 주로 원형 기둥의 거푸집으로 사용하고, 페이퍼
폼 Paper form이라고도 부른다.

약자를 배려하는 종이 건축

-
글 정신오

종이 건축 하면 떠오르는 건축가가 있다. 바로 시게루 반이다. 그는 퐁피두 센터 메츠Centre Pompidou Metz와 같은 건물을 설계한 유명 건축가지만, 임시 대피소나 진료소처럼 약자를 위한 공간을 짓는 데에도 힘쓴다. 종이 관은 그가 꿈꾸는 건축을 실현하는 재료다. 시게루 반의 종이 건축 변천사를 되짚으며 종이 관의 진면모를 살펴본다.

종이 관과의 첫 만남

처음 시게루 반이 종이 관을 선택한 것은 목재와 색이 비슷하면서 질감이 부드럽고 가격이 저렴하다는 이유에서였다. 이렇게 단순한 계기로 시작된 종이 건축은 오늘날 자연재해나 전염병, 전쟁 등으로 갑작스럽게 삶의 터전을 잃은 이들에게 안락한 대피소가 되어준다. 그간의 작업을 소개하는 강연에서 시게루 반은 "건물을 짓는 행위가 특권 계층을 위한 작업인 것 같아 안타까움을 느꼈다"며 "종이 건축만큼은 건축가로서의 책임을 환원하려 했다"고 설명한다.

그가 처음 종이 대피소Paper shelter를 제안한 것은 1994년 르완다에서 내전이 일어났을 때다. 당시 아프리카에는 전쟁으로 인해 갈 곳을 잃은 난민이 200만

명에 달했다. 유엔(UN, United Nations)에서 상황을 수습하기 위해 대피소를 지원했지만 생활하기에는 안전하지 않았다. 열악한 대피소 환경을 목격한 시게루 반은 종이 관을 이용한 세 가지 방식의 대피소를 제안한다. 첫 번째는 크기가 4×6m인 직사각형 시트 중심에 두 개의 지관을 세워 텐트를 만드는 방식이다. 누구나 쉽게 제작할 수 있는 형태라 가장 많이 사용됐다. 두 번째는 시트 좌우에 V자로 기둥을 세우는 형태로 양 옆의 공간을 확보하기 어려울 때 적용했다. 마지막은 종이 관으로 벽과 지붕을 만드는 방식이다. 앞의 두 방식과 비교하면 상대적으로 많은 부재가 필요하지만 더 넓은 공간을 지을 수 있어 야전병원으로 쓰였다.

©Takanobu Sakuma

건축가의 책임을 담은 종이 대피소

난민을 위한 공간을 작업하며 종이 관의 활용도를 확인한 시게루 반은 이후 재해 지역에 연이어 대피소를 설치하며 형태와 용도를 발전시켰다. 1995년 고베 대지진이 일어났을 때 지어진 대피소는 맥주병을 담는 플라스틱 상자를 바닥에 깐 뒤에 패널을 덮어 기초를 만들고, 종이 관을 촘촘하게 붙여 벽을 세웠다. 지붕은 지관을 트러스 모양으로 조립해서 박공 형태로 제작했다. 제법 집의 형식을 갖춘 모습에 사람들은 그것을 페이퍼 로그하우스라고 불렀다. 2011년 한신 대지진이 발생했을 때에는 집이 무너져 학교 강당으로 대피한 주민들을 위해 페이퍼 파티션Paper partition을 선보이기도 했다. 이 시스템은 종이 관으로 직육면체의 뼈대를 세우고, 천을 걸어서 공간을 구현하는 방식으로 시공 방법이 단순해 누구나 쉽게 지을 수 있었다. 더욱이 강당이라는 공간 안에서 피난민 개개인의 사생활을 확보할 수 있어 큰 호응을 얻었다.

종이 관은 임시 주거 외에도 다양한 건물에 적용됐다. 2011년 뉴질랜드에서 일어난 진도 6.3의 지진으로 크라이스트처치 대성당Christchurch cathedral이 무너졌을 때에는 700명을 수용할 수 있는 임시 성당을 짓기도 했다. 그간의 작업과 차이가 있다면 많은 하중을 지지해야 하는 대규모 공간이었기에 다른 재료를 함께 사용했다는 점이다. 건축가는 컨테이너의 철판을 해체해서 벽을 세우고, 그 위로 직경이 60cm인 종이관을 사선으로 기울인 뒤 폴리카보네이트로 덮어 삼각형의 지붕을 만들었다. 관을 설치할 때는 6cm의 간격을 두어 공간에 빛을 끌어들이도록 했다. 종이 관의 모습이 두드러져 투박하게 느껴졌던 이전의 대피소와 비교하면 크라이스트처치 임시 성당은 스테인드글라스와 폴리카보네이트가 조화롭게 어우러져 여타 종교 건축물처럼 성스러운 분위기가 감돈다.

종이를 공간에 적용한다고 하면 흔히 잠깐 운영하고 사라지는 건축물을 떠올리지만 꼭 그렇지만은 않다. 시게루 반은 자신의 저서 ≪행동하는 건축≫에서 종이 건축의 지속성에 대해 다음과 같은 말을 남긴다. "종이로 만든 건물도 사람이 좋아하면 영구적인 건물이 될 수 있고, 반대로 콘크리트 건물도 임시 건물이 될 수 있습니다." 실제로 페이퍼 로그하우스의 종이 관은 해체되었다가 대만의 대피소를 지을 때 재사용되었고, 많은 이들의 사랑을 받으며 지금까지 유지되고 있다. 이처럼 연약하게만 보였던 재료가 때로는 다른 구조재보다 더 오래 공간을 이루며 건축에 새로운 길을 개척해낸다.

©Stephen Goodenough

폐지가
벽이 되는 마법

어떤 재료를 친환경이라고 부를 수 있을까? 간단해 보이지만 선뜻 답하기 어려운 질문에
호넥스트는 그들만의 철학을 분명하게 내비친다. 재료를 재사용하고 폐기물을 최대한
활용하며, 첨가물을 넣지 않는 것. 나무가 아닌 숲을 보라는 말처럼 재료 너머의 순환
시스템까지 고민하는 호넥스트의 종이 보드를 소개한다.

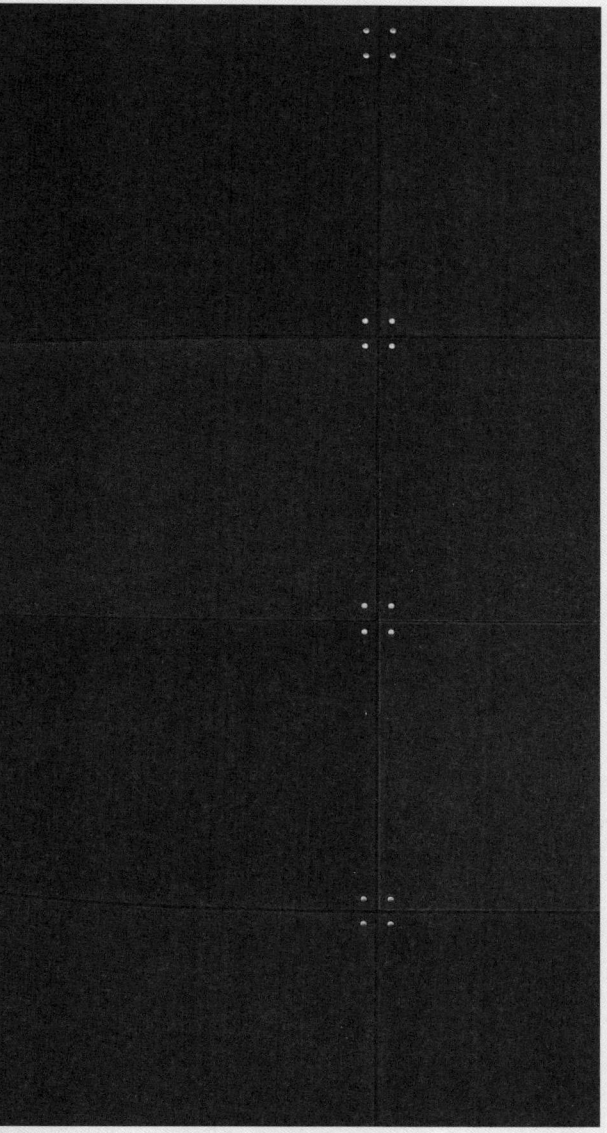

감씨(감): 폐지를 이용해 패널을 만든다. 어떤 계기로 종이를 사용하게 됐나?

베르타 줄리아 사라(사라): 종이는 재활용을 거듭할수록 섬유의 길이가 짧아진다. 그래서 몇 차례 재사용하다가 섬유가 일정 길이 이하가 되면 폐기한다. 폐기물 관리 업체는 수명을 다한 종이 섬유를 재사용하는 방법을 고민했고 당시 카탈루냐 공과대학교에서 종이 섬유를 연구하던 우리에게 건축자재로 만드는 기술을 의뢰했다. 이때 자재를 개발한 경험이 근간이 되어 2020년부터 종이 보드를 생산하고 있다.

감: 종이는 약하고 유연한 소재다. 단단한 물성은 어떻게 구현했나?

사라: 종이 섬유는 분자 결합체가 많을수록 결속력이 강하고 단단해진다. 이 점에 착안해 분자 간의 결합을 유도하는 특수 효소를 첨가했다. UV 차단제처럼 성능을 위해 넣는 물질을 제외하면 오로지 자연에서 난 원료만을 이용한다. 그 결과 접착제를 사용한 MDF나 합판보다 유해물질을 적게 배출한다.

감: 좀 더 입체적인 형상을 구현하는 것도 가능할 텐데 보드에 집중하는 이유가 있나?

사라: 보드는 건축재료의 가장 기본이 되는 형태다. 밋밋해 보이지만 오히려 단순한 형상 덕에 가구부터 내장재, 외장재까지 다양한 용도로 활용할 수 있다. 목재를 비롯해 타일, 석재, 금속 등 많은 건축재료가 판재 형태로 제작되는 것은 이러한 이유에서다. 우리는 판재의 형상을 유지하면서 재활용 소재를 원료로 하는 친환경적인 대체재를 만들고자 했다.

감: 폐지를 사용하다 보면 이물질이 들어갈 텐데 이러한 물질은 어떻게 처리하나?

사라: 거르지 않고 그대로 사용한다. 말한 것처럼 폐지에는 인쇄나 코팅 과정에서 사용한 잉크나 필름이 섞여 있다. 그 양이 많으면 문제가 되겠지만 우리는 애초에 이물질이 적은 등급의 폐지를 선별해 사용한다. 이들은 보드의 강도와 유연성을 높이는 역할을 한다. 어찌 보면 호넥스트 패널의 물성을 위해 꼭 필요한 성분이다.

-
인터뷰 정신오
인터뷰이 호넥스트 베르타 줄리아 사라Berta Julia Sala 브랜드 매니저
사진 제공 HONEXT

폐지를 재료로 만든 호넥스트 패널. 내장재나 가구재로 사용한다.

감: 다른 패널 형태의 자재와 비교해 종이 보드의 장단점은 무엇인가?

사라: 종이 보드는 밀도가 낮아 무게가 가볍다. 1m³의 공간을 마감한다고 가정했을 때 MDF는 700~800kg의 양이 필요하지만 종이 보드는 540kg이면 충분하다. 무게가 가벼운 만큼 운반 과정에서 발생하는 탄소배출량이 적다. 그러면서도 CNC 같은 가공법은 기존의 재료와 동일하게 적용할 수 있다. 다만 압축강도나 인장력 같은 물성이 상대적으로 약해 아직은 내장재 정도로 한정되게 쓰인다. 외장재는 물론 다른 재료의 바탕재로도 사용할 수 있도록 성능을 개선해 나갈 예정이다.

감: 주로 어떤 공간에 쓰이나?

사라: 상업 공간의 내장재나 가구재로 쓰인다. 친환경이 소비 트렌드로 떠오르면서 브랜드에서도 매장이나 쇼룸에 친환경 자재를 적용하는 경우가 늘었다. 이러한 변화에 힘입어 폐기물을 원료로 한 호넥스트 패널이 주목받고 있다. 한 의류 브랜드에서는 세 겹으로 붙인 종이 보드에 물결 무늬를 조각해 벽을 만들었다. 전기차 충전시스템을 개발하는 스페인의 회사 월박스Wallbox에서는 회의실의 천장재로 사용하기도 했다. 종이 보드는 밀도가 낮아 MDF나 파티클 보드보다 소리를 많이 흡수한다. 회의실처럼 소리가 밖으로 새어 나가지 않는 것이 중요한 공간에 최적이다.

감: 호넥스트 패널을 적용했을 때의 환경적 효과는 정확히 어느 정도인가?

사라: 탄소발자국[1]을 검증하기 위한 데이터를 쌓고 있어 아직 구체적인 수치를 답하기는 어렵다. 하지만 원료의 90% 이상을 폐기물로부터 얻기 때문에 기존의 자재보다는 확실히 탄소배출량이 적다. 일례로 종이 섬유를 펄프화할 때에는 쓰레기 매립장에서 나온 침출수를 정화해서 사용하고, 설비를 가동하는 에너지는 폐기물을 분해하면서 발생한 가스로 만든다. 이러한 생산 과정 덕분에 2020년 4월에는 환경순환적인 방식으로 만들어진 제품에 부여하는 C2CCradle to Cradle 인증을 받기도 했다.

1) 탄소발자국(Carbon Footprint): 개인 또는 기업, 국가 등의 단체가 활동하거나 상품을 생산하고 소비하면서 발생시키는 이산화탄소의 총량을 의미한다.

호넥스트 패널 성능 기준

	물성	성능 표준 시험
규격(mm)	1220×2440×12	-
밀도(kg/m³)	540	EN 323
수분함유량(%)	7.6	EN 322
유해물질 방출량(μg/m³)	85	EN 16516
투습성(μ)	2.7	ISO 12572:2018
차음성(dB)	24	ISO 354:2004
흡음성(αw)	0.15	ISO 354:2004

전기차 충전시스템 개발 기업 월박스의 회의실 전경. 호넥스트 패널을 천장재로 사용하고,
뒷면에 흡음재를 덧대어 방음 성능을 높였다.

감: 종이 외에 주목하고 있는 원료가 있나?

사라: 셀룰로오스로 이루어진 것은 무엇이든 원료로
쓸 수 있다. 심지어 담배꽁초도 재료가 된다. 하지만
다른 폐기물은 따로 수거하거나 관리하지 않기
때문에 수급이 불안정한 편이다. 지금으로서는
종이가 최선이다. 앞으로는 조금씩 범위를 넓혀 모든
셀룰로오스 폐기물을 사용하려 한다.

감: 그 밖에 친환경을 위해 노력하는 부분이 있다면?

사라: 버려진 재료로 새로운 자재를 만드는 우리의
생산방식이 종이의 순환을 실현하는 시스템으로
작동했으면 한다. 그래서 단순히 큰 공장을
만들기보다는 제지사에서 함께 운영할 수 있는
모듈식 공장을 고민 중이다. 지금은 제지 공장과
협업하며 체계를 잡고 있다. 국가마다 폐지에 대한
규정이 달라 우선은 유럽에만 집중하고 있지만 전
세계에서 활용 가능한 시스템을 만드는 것이 최종
목표다.

호넥스트 패널
제작기

EU 국가에서 매년 발생하는 섬유 폐기물의 양은 700만t을 훌쩍 넘긴다. 호넥스트는 이 폐기물을 이용해 새로운 재료를 만든다. 수명을 다한 종이 섬유가 건축자재로 변모해가는 여정을 따라가 보자.

1 원료 선별

호넥스트 패널을 이루는 원료의 50~75%는 폐판지를 잘게 찢어 만든 종이 섬유다.

2 펄프화

잘게 분쇄한 종이 섬유에 펄프를 만드는 과정에서 나온 슬러지와 물, 천연 첨가물을 섞어 반죽 상태로 만든다.

3 성형

반죽 상태의 혼합물을 프레스기에 넣고 압축해 판재 모양을 만든다. 크기는 최대 1220×2440×12mm까지 제작할 수 있다.

4 건조

성형 과정을 마친 판재에 고온의 열을 가해 단단하게 굳힌다.

5 품질 검사

완성된 부재는 밀도와 강도, 인장력 등의 물성을 확인한다. 품질 검사를 마친 자재는 천장이나 벽, 가구의 재료가 된다.

오래된 새로움,
한지의 가능성

글 정경화

한지는 닥나무 껍질의 섬유를 떠서 만든 한국의 전통 종이다. 생활환경이 변하고 공장에서 대량생산하는 서양의 양지가 등장하면서 예전보다 사용이 줄었지만, 뛰어난 물성이 주는 가치는 여전하다. 건축재료로서 한지의 물성과 활용을 살펴본다.

닥나무 껍질을 두들겨 만든 종이

한지는 삼국시대에 중국에서 도입한 제지술로 만든 우리나라 최초의 종이다. 당시에는 닥나무로 만들었다고 해서 닥종이라 불렸고 조선 말기에 기계로 만든 서양의 종이가 들어오면서 둘을 구분하기 위해 한지라는 표현을 쓰기 시작했다. 본래 한지는 중국에서 들여왔지만 기술을 더욱 발전시켜 강도가 높고 보존성이 뛰어나며, 희고 광택이 아름답다. 이러한 장점 덕분에 신라 시대에는 중국에 역으로 수출하기도 했다. 조선 후기의 문신 신위는 '한지는 천 년을 가고 비단은 오백 년을 간다紙一千年 絹五百'라는 문장으로 그 우수성을 표현했다. 실제로 8세기경 제작되어 세계에서 가장 오래된 목판 인쇄물로 알려진《무구정광대다라니경》을 비롯해 여러 고문서가 잘 보존된 모습으로 발굴되면서 한지의 뛰어난 내구성이 다시 한 번 입증되었다.

한지는 기록하는 용도에 그치지 않고 건축이나 공예, 일상의 여러 분야에서 활발하게 쓰였다. 여러 겹을 겹치고 옻칠을 하면 가죽처럼 단단해져 그릇이나 갑옷의 재료로 사용하기도 했다. 그러나 생활 방식이 바뀌고 대체재가 등장하면서 점차 내리막길을 걷게 되었다. 특히 기계로 대량생산하는 종이의 효율을 이기지 못해 빠르게 사라져 갔다. 그러다 최근 문화재를 복원하는 용도로 한지가 쓰이기 시작하면서 다시금 주목받고 있다.

단단하고 오래 가는 비결

한지의 높은 강도와 내구성, 보존성은 현대의 종이와 구분되는 독보적인 장점이다. 이러한 물성은 재료와 제조 방식에서 비롯된다. 그중에서도 닥나무는 강도와 내구성을 발휘하는 핵심 요소로 꼽힌다. 종이의 원료로 쓰는 목재는 대부분 단섬유인 데 반해 닥나무는 장섬유이다. 섬유의 길이가 긴 덕분에 종이를 만들었을 때 조직이 잘 형성되고 서로 강하게 결합해 쉽게 찢어지지 않는다. 장섬유인 목재에는 뽕나무, 버드나무 등 여러 종류가 있지만 그중에서도 닥나무로 만든 것이 가장 질기고 내구성이 좋다.

제조 방식도 높은 강도를 구현하는 비결이다. 한지는 물에 불린 닥나무를 두들겨서 만든다. 그 결과 나무를 맷돌에 갈아 죽처럼 만드는 중국의 선지보다 섬유질이 살아 있고 조직의 배열이 자연스럽다. 또 다른 특징은 외발이라는 도구다. 한쪽 방향으로만 종이를 뜨는 일본의 화지와 달리 한지는 외발을 이용해 위아래, 좌우로 번갈아 가며 뜬다. 이 과정은 섬유 조직을 훨씬 견고하고 치밀해지게 한다.

마지막으로 잿물은 내구성을 강화하여 종이가 오래 보존되도록 돕는다. 서양의 종이는 pH 4 이하의 산성을 띠어 시간이 지나면 색이 누렇게 바래지고 길어야 100년 정도 지속된다. 반면, 한지는 알칼리성인 잿물로 씻어내는 과정을 거치면서 pH 7 이상의 중성으로 변하게 돼 처음의 모습을 오래 유지한다. 또 물에 젖으면 금방 펄프처럼 녹아 흩어지는 양지와 달리 수분에 매우 강하다. 예전에는 글씨나 얼룩을 물로 씻어 지우고 햇볕에 말려서 다시 쓰기도 했다.

건축자재로서의 한지

한지는 닥나무와 잿물, 닥풀 역할을 하는 황촉규 등 자연에서 나는 재료로 만든 친환경 소재다. 화학물질을 섞지 않아 인체에 무해하고 나무 펄프를 쓰지 않는 비목재 종이라 환경에도 이롭다. 또한 닥나무 섬유의 가늘고 긴 형상으로 인해 내부 조직은 수많은 공극을 가지고 있다. 이 공극을 통해 수분이 드나들면서 자연스럽게 실내의 습도를 조절하고, 공기를 품어 차음이나 보온 성능을 발휘한다. 우리나라에서는 이 같은 장점을 활용해 벽과 바닥, 창호 등 부위를 가리지 않고 집안 곳곳에 한지를 썼다. 온돌 바닥에는 한지를 여러 겹 덧발라 바닥 아래에서부터 올라오는 온기를 전했다. 또한 유리가 없던 시절에는 창호지로 사용하며 바람을 막고 실내에 빛을 들였다.

현재 국내에서 전통 방식으로 한지를 제작하는 공방은 모두 열 아홉 곳이다. 이 중 아홉 곳에서 장판이나 벽지로 쓰는 인테리어용 제품을 생산한다. 한국산업표준에서는 창호지(KS M 7301)와 장판지(KS M 7302)로 나누어 건축용 한지의 품질 기준을 정하고 있다. 장판지의 경우, 닥섬유를 60% 이상 함유한 것을 1급, 30% 이상은 2급, 30% 미만인 것은 3급으로 구쿤하고 강도와 평량, 치수 등의 기준을 안내한다.

한지의 재료가 되는
닥나무 가지와 황촉규 뿌리.

한지의 제조 과정

옛 선조들은 아흔 아홉 번의 손질을 거치고 마지막 사람이 백 번째로 만진다 하여 한지를 '백지百紙'라 불렀다. 그 이름처럼 한 장의 한지가 탄생하기 까지는 닥나무를 벗기고 두들기며, 곱게 갈아내고 다시 건조하는 기나긴 과정이 필요하다.

1 닥나무 손질하기 11~2월 사이에 1년생 햇닥나무의 가지를 베어 원료로 사용한다. 이때 수확한 나무가 섬유질이 가장 잘 형성되어 있고 수분의 함량도 적절하다. 베어낸 닥나무는 흐물흐물해질 때까지 쪄서 껍질을 벗겨 낸다. 껍질은 햇볕에 충분히 말린 뒤 흐르는 물에 10시간가량 불리고 겉껍질과 청색 부분을 제거해 하얀 백피(이하 백닥)만 남긴다.

2 닥죽 만들기 메밀대와 콩대, 볏짚 등을 태워 만든 잿물에 30~40cm 크기로 자른 백닥을 푹 삶는다. 잿물은 닥나무를 중성화하고 광택이 나도록 한다

3 표백하기 삶은 백닥은 두세 시간 정도 그대로 두어 뜸을 들였다가 흐르는 물에 반나절 정도 담가 잿물과 기름기 등을 씻어낸다. 이때 햇볕을 고루 쐬어주면 표백 효과도 얻을 수 있다.

4 고해하기 백닥을 섬유화하는 단계이다. 평평한 돌 위에 올려놓고 빙·망이로 두들기거나 디딜방아로 찧어 죽처럼 걸쭉하게 만든다. 요즘에는 원료를 펄프처럼 잘게 갈아 내는 분쇄기를 이용하기도 한다.

5 닥풀 만들기 황촉규라는 식물의 뿌리를 짓이겨 끈적한 점액을 채취 하고 이를 걸러 닥풀로 사용한다. 닥풀은 물빠짐을 조절하고 섬유를 고루 퍼트려주는 천연 분산제의 역할을 하며, 종이가 대나무발에서 잘 떨어지도록 돕는다.

6 종이 뜨기 한지의 품질을 좌우하는 초지 공정이다. 우선 닥섬유와 물, 닥풀을 지통에 넣고 대나무 막대로 저어 고루 섞는다. 여기에 대나무발을 담그고 우물 정(井)자로 여러 번 흔들면서 담갔다가 빼내기를 반복하면 투명한 습지가 막처럼 형성된다. 이 방식을 외발뜨기라 부른다.

7 탈수하기 나무판 위에 바탕지를 깔고 그 위에 습지를 한 장씩 포갠다. 400~500장 정도 쌓이면 그 위에 다시 나무판을 얹고 무거운 돌을 올려 하룻밤 등안 서서히 물기를 뺀다.

8 건조하기 원래는 햇빛이나 바람에 말렸으나 최근에는 종이를 철판·에 붙이고 그 아래 아궁이에 불을 때서 열로 말리는 열판 건조 방법을 사용한다. 철판에 말리면 조직이 촘촘해지는 효과가 있어 벽지처럼 두껍고 높은 강도를 내야 하는 경우에 이용한다. 두께가 얇은 마스크 원단이나 고서 복원용 종이는 바람에 말린다.

9 도침하기 한지를 수십 장씩 겹친 뒤 디딜방아처럼 생긴 도침기로 표면을 두들겨 섬유 사이의 틈을 메우는 공정이다. 이 과정을 거친 한지는 표면이 치밀해지고 잔털이 일지 않아 글씨가 깨끗하게 써진다. 도침까지 마치면 적절한 크기로 재단하여 포장한다

1 닥나무를 손질하는 모습.
2 물기를 빼낸 한지는 햇빛이나 바람에 말려 남은 수분을 없앤다.

국내 한지공방을
찾아서

신풍한지는 1971년 충청북도 괴산군의 신풍마을에 터를 잡은 후로 50년 넘게 한지를 만들어
오고 있다. 전통 방식을 고집하며 수작업으로 한지를 제작하고 있지만, 제품만큼은 트렌드에
맞춰 새로운 지종을 부지런히 개발한다. 삼대째 가업을 이어 한지를 만들고 있는 안치용
대표를 만나 신풍한지의 업역과 제품에 관해 이야기를 나눴다.

감씨(감): 신풍한지에서 그간 한지를 제작해 온 여정에 대해 듣고 싶다.

안치용(안): 한지는 물로 만드는 종이라 불릴 정도로 제조 과정에서 많은 물을 사용한다. 우수한 품질을 내려면 주재료인 물이 중요한데, 이곳 신풍마을은 예전부터 물이 풍부하고 성질이 순해 한지를 만들기에 최적의 조건을 갖췄다. 1960년대에 700m² 규모의 제조 공장을 지은 이후 지금까지 전통 방식으로 생산하고 있으며, 2013년에는 괴산한지박물관을 개관하여 함께 운영 중이다.

감: 그간 한지는 어떤 모습으로 쓰여 왔나?

안: 한지는 본래 건축재료다. 목재와 한지로 창호를 제작했고 바닥과 벽에 발라 마감재로 쓰기도 했다. 옛 선조들은 한지와 나무, 흙으로 만든 집에서 살았다 해도 과언이 아니다. 그러다 보니 예전에는 마을마다 한지를 만드는 곳이 있었을 정도로 소비가 많았다. 그러나 서양의 주거 문화가 들어오고 유리 창호가 자리 잡으면서 산업이 쇠퇴했다. 이제 우리나라에서 전통 방식으로 한지를 제조하는 곳은 얼마 남지 않았다. 신풍마을에도 다섯 곳의 공장이 있었지만 지금은 이곳이 유일하다.

감: 변화하는 시대 속에서 살아남기 위해 어떻게 대응해 왔나?

안: 트렌드에 맞춰 다양한 한지를 개발했다. 자칫 심심하게 느껴질 수 있는 한지에 볏짚이나 쑥, 숯, 메밀, 왕겨, 솔잎 등의 여러 천연 소재를 섞어 다채로운 모습을 냈고, 주름이나 입체 무늬를 입혀 질감에도 변화를 주었다. 덕분에 지금은 한지의 종류만 200가지에 달할 정도다. 한지를 이용한 제품 개발에도 적극적이다. 한지 수의, 원형 한지 등으로 특허를 받았고 최근에는 숯을 섞은 한지로 마스크를 제작했다.

감: 다른 지역의 한지와 차별화되는 기술이나 노하우가 있다면?

안: 한지는 보풀이 잘 생겨 인쇄하기가 어렵고 기계도 잘 손상된다. 이를 보완하기 위해 찹쌀이나 밀가루, 보리 등의 곡물을 숙성하여 코팅제를 만들고 표면에 입히는 기술을 개발했다. 쉽게 말해 한지에 곡물풀을 발랐다고 보면 된다. 곡물 코팅한 한지는 인쇄 품질이 높아 복잡한 이미지까지 섬세하게 표현해 낸다.

신풍한지 제공

갑: 신풍한지에서는 어떤 종류의 한지를 만드나?

안: 공예용과 고문서 복원용, 건축용 한지를 만든다. 공예용이나 고문서 복원용 한지는 얇고 가볍다면, 건축용 한지는 두께감이 있고 조직이 촘촘하다.

건축용 한지는 벽지와 장판지로 세분된다. 벽지에는 한방 타일 벽지와 일반 벽지, 포인트 벽지가 있다. 타일 벽지라고 하면 대개 낯설어 하는데, 좀 더 편리하게 시공할 수 있도록 타일 형태로 작게 제작한 제품이다. 두께는 2~3mm 정도로 두꺼운 편이다. 이렇게 두꺼운 자재를 만드는 경우, 보통 한지를 여러 장 겹치는데 이 제품은 틀에 붓고 굳히는 방법으로 원하는 두께를 한번에 구축한다.

갑: 건축용 제품 중 대표 아이템을 꼽는다면?

안: 한방 타일 벽지가 대표적이다. 쑥이나 숯, 계피 등 원하는 천연 재료를 섞어 만드는 맞춤 제작 제품으로, 벽면 전체를 한번에 발라야 하는 벽지와 달리 간격만 맞춰서 붙이면 돼 일반인도 쉽게 시공할 수 있다. 요양원이나 병원, 전원주택에서 많이 사용한다.

갑: 벽지와 장판지에 사용하는 한지는 어떻게 다른가?

안: 함께 섞는 천연 물질의 차이다. 벽지는 무늬나 색감을 신경 쓰기 때문에 쑥이나 네잎 클로버 같은 식물을 섞는다. 반면, 바닥은 늘 몸에 닿는 부위이다 보니 옥이나 맥반석, 화산송이 등 광물을 첨가해 기능을 더하는 것에 집중한다. 또 온돌과 함께 사용하기 때문에 벽지보다 두께를 세 배 정도 더 두껍게 제작하고 시공한 후에는 콩댐으로 마감해 내구성을 높인다. 콩댐은 물에 불린 콩을 갈아서 만든 콩물에 들기름을 섞은 것으로, 칠하고 나면 왁스를 바른 것처럼 방수성과 내구성이 높아진다.

갑: 한지를 건축재료로 적용함에 있어 어려운 점은?

안: 수작업이다 보니 제작할 수 있는 크기가 한정적이다. 최대 800×1850mm 정도인데, 이마저도 다루기가 까다롭다. 일반 종이와 비교해 5배 이상 높은 가격도 상황을 어렵게 만드는 요인이다. 개발은 많이 하는데 홍보나 마케팅이 부족하다 보니 아직까지는 넘어야 할 산이 많다.

1 아궁이에 불을 때고 그 위에 한지를 붙여 말리는 모습.
2 신풍한지 안치용 대표.

안치용(신풍한지 대표)
신풍한지에서 삼대째 가업을 이어 한지를 만드는 장인으로, 2021년 국가무형문화재
한지장으로 지정되었다. 한지 관련 특허 10여 개를 보유하고 있으며, 괴산한지박물관을
운영하고 한지문화축제를 여는 등 한지의 대중화에 힘쓴다.

신문지로 만든 벽돌,
신문지를 지키는 벽돌

매일 무수히 많은 신문지가 버려진다. 스튜디오 우재의 작가 이우재는 빠르게 소비되고
쉽게 폐기되는 종이를 오래 지속하는 방법을 고민하다 신문지로 만든 벽돌을 구상했다.
페이퍼 브릭은 종이의 질감과 대리석의 무늬, 벽돌의 형태가 만나 따뜻하고 부드러우며
단단하다. 이들은 때로는 테이블과 벤치가 되고, 때로는 파사드로 변모하기도 하며
공간에 따스함을 불어넣는다.

-
인터뷰 **정경화**
인터뷰이 **이우재 작가**
사진 **이우재**(별도 표기 외)

감씨(감): 다양한 소재에 관심을 갖고 작업한다. 재료의 어떤 점에 흥미를 느꼈나?
이우재(이): 예전부터 소재의 물성이 물체에 서사를 부여해 가는 과정을 보며 많은 흥미를 느꼈다. 그 모습을 탐구하면서 재료에 잠재된 특성을 나만의 방식으로 해석하고 색다르게 적용해 보는 작업을 하게 됐고 지금의 페이퍼 브릭 프로젝트로 이어졌다.

감: 종이의 경우에는 어떤 물성이 인상적이었나?
이: 종이는 섬유를 원료로 하기에 선과 면, 공간까지 여러 차원을 유연하게 넘나든다. 물에 불려서 섬유를 분리하면 원료인 펄프 상태로 되돌릴 수도 있다. 흔히들 종이가 약하다고만 생각하는데, 알고 보면 유연하면서도 단단하고 거칠면서도 부드러운 양면성을 지닌 소재다. 이러한 다채로운 특성을 보여주고 싶었다.

감: 여러 종이 중에서 신문지를 선택하게 된 이유가 궁금하다. 재료는 어떻게 수급했나?
이: 종이는 재활용이 잘 되는 편이지만, 몇 차례 반복하다 보면 섬유 입자가 가늘어져 다시 쓸 수 없게 된다. 신문지는 이미 그 과정을 여러 번 거쳐 마지막 단계에 가까운 종이다. 이렇게 수명을 다한 재료일수록 재사용했을 때 그 가치가 더 극대화된다. 또 신문지는 광고지나 박스와 달리 코팅을 하지 않아 원료를 만들기에 더 적합했고 본래의 회색 톤도 원했던 색감과 잘 맞았다.
　　네덜란드에서는 신문 인쇄소에서 잘못 인쇄된 불량 제품을 받아 썼다. 호주에서 작업하는 지금은 아파트 단지나 가게에서 버려지는 신문지를 모아 사용한다.

감: 디자인을 발전시킨 과정에 대해 소개해 달라.
이: 벽돌의 형태는 적은 양의 재료로 높은 강도를 발휘하도록 만들어졌다. 중간에 뚫린 구멍이 건조를 돕고 그 부피만큼 재료의 양도 줄어든다. 이러한 장점을 활용하기 위해 벽돌을 기본 형태로 잡았다. 세부적인 모습은 프로젝트의 콘셉트와 용도에 맞춰 매번 조금씩 조절한다. 때로는 색을 섞어 테라조나 그러데이션 효과를 내기도 한다. 완성한 페이퍼 브릭은 목재처럼 자르거나 구멍을 뚫을 수 있고 풀로 붙여 고정한다.

감: 색감은 어떻게 내나?

이: 옅은 회색은 신문지 본연의 색이다. 특별히 필요한 색이 있을 때에는 펄프를 만드는 과정에서 염료를 섞어 조색한다. 물감 팔레트처럼 원하는 색상별로 펄프를 제작해 두고 조합하기도 한다.

　　신기했던 것은 어느 국가의 신문을 사용했는지에 따라 페이퍼 브릭의 색이 다르게 나타난다는 점이다. 네덜란드의 신문으로 만든 벽돌은 노란빛에 가까운 회색인데, 한국의 신문으로 만들면 조금 더 보랏빛을 띤다. 잉크의 차이인 듯하다.

감: 페이퍼 브릭을 제작하는 과정이 궁금하다.

이: 작업은 물에 불린 신문지를 잘게 갈아내어 펄프를 만드는 것에서부터 시작한다. 펄프화한 다음에는 접착제를 섞어 반죽하고 벽돌 모양의 틀에 넣어 모양을 잡는다. 종이는 섬유가 서로 얽혀 있는 구조라 스스로 모양을 유지할 수 있지만 건축적으로 활용하기 위해 접착제를 첨가한다. 어느 정도 모양이 잡히면 틀에서 꺼내 말리고 표면을 매끄럽게 다듬어 완성한다. 펄프를 제조하는 단계부터 표면을 가공하는 것까지 모든 과정은 수작업으로 이루어진다.

감: 그중 가장 어려운 단계를 꼽는다면?

이: 건조 단계가 가장 시간이 오래 걸리고 어렵다. 작업량과 날씨에 따라 다르지만 벽돌 한 장을 기준으로 최소 2주 정도 걸린다. 너무 빨리 혹은 느리게 말리면 변형이 심해지기 때문에 자연 건조를 기본으로 하면서 날씨에 따라 그때그때 조건을 바꿔가며 작업한다. 또 같은 형태로 제작해도 수분이 마르는 과정에서 구멍의 크기나 규격에 조금씩 차이가 생겨 정확히 동일한 크기로 만들기는 어렵다.

1 신문지에 물을 섞고 잘게 갈아 원료인 펄프를 만든다.
2, 3 펄프 반죽을 틀에 넣어 모양을 잡고 표면을 다듬는 모습.

감: 페이퍼 브릭을 조합해 소품부터 가구,
파사드까지 다양한 규모의 작업을 한다.

이: 가장 먼저 시도한 것은 가구였다. 종이라는
소재의 가능성을 보여주기에 가장 효과적인
방법이라고 생각했기 때문이다. 첫 번째 가구인
팔레트Pallet 시리즈에서는 페이퍼 브릭을
건축적으로 사용하고 이에 적합한 강도와 물성을
보여주는 것이 목표였다. 그래서 건물을 구축하듯
벽돌을 쌓거나 세우는 방법으로 제작했다. 다음
프로젝트인 스컬프트Sculpt 시리즈는 틀에서 벗어나
자유롭게 디자인했다. 비정형의 얇은 다리와
평평한 상판의 이질적인 형태를 조합하고 상판의
페이퍼 브릭을 서로 엇갈리게 붙여 종이의 양면성을
표현했다.

감: 공간에 적용할 때에는 어떤 부분을 중요하게
고려하나?

이: 공간에서 종이의 색감과 질감이 어떻게
보일지를 많이 고민한다. 중국의 자동차 브랜드인
링크앤코Lynk&Co 매장의 제품 진열대를 제작할
때에는 주요 마감재인 콘크리트와 조화를 이루기
위해 신경 썼다. 페이퍼 브릭과 콘크리트는 색감이나
무늬는 비슷하지만 느껴지는 온도가 다르다. 전자가
따뜻하다면 후자는 차갑다. 이 느낌이 크게 대립되지
않도록 하면서 전체적인 질감을 표현하는 것에
집중했다.

반면 갤러리아 광교 코스COS 매장의 파사드를
작업할 때에는 밝은 분위기에 맞춰 여러 색을 섞어
종이 입자의 자잘한 느낌이 도드라지게 했다. 벽처럼
쌓아 올리는 작업이었으므로 파사드를 지지할
장치를 추가로 설치하고, 일부는 좀 더 빠르고 쉽게
시공할 수 있도록 타일 형태로 제작했다.

감: 향후 건축이나 인테리어 재료로 양산할 계획도
있나? 이 밖에 앞으로 시도해보고 싶은 작업이
있다면 소개해 달라.

이: 양산에 대한 생각은 항상 하지만, 아직까지는
작품에 더 집중하려 한다. 최근에는 우연한 기회로
페인팅 작업을 했는데, 재료가 공간에 울림을
만들고 감성을 자극하는 역할도 할 수 있음을 새롭게
발견하게 됐다. 재료가 지닌 촉각, 시각적 감상을
조형물, 페인팅 등의 여러 방법으로 풀어내거나
종이 본연의 따뜻한 느낌을 담아 사람들과 소통하는
작업을 해보고 싶다.

1, 3
갤러리아 광교 코스
매장의 파사드에 사용된
페이퍼 브릭.

2
링크앤코 매장의 전경.
페이퍼 브릭으로 제품
진열대를 제작했다.

감: 최근 주목받는 디자이너의 작업에는 친환경, 지속가능성이라는 키워드가 자주 등장한다. 페이퍼 브릭 또한 그와 결을 같이 하는데, 이 부분에 대해 어떤 생각을 갖고 있는지 궁금하다.

이: 솔직히 말하면 이 작업을 친환경, 지속가능성이라 표현하는 것에 약간의 망설임이 있다. 그 분야를 알게 될수록 작업에서 개선해야 할 점이 많이 보이기 때문이다. 단순히 재활용을 한다고 해서 친환경 작업이라 소개하기는 어딘가 부족한 느낌이다. 제작 과정이나 재료의 출처, 사회와의 연관성 등 여러 면을 고려해야 한다. 또 최근 친환경을 테마로 하는 여러 프로젝트도 단순히 마케팅 수단으로만 이용하는 것이 아니라, 지속가능한 재료의 속성을 진심으로 이해하고 고민하면서 발전시켜야 한다는 입장이다. 예를 들어 종이는 플라스틱에 비해 오염에 약하고 한번 더러워지면 원래 모습으로 되돌리기가 어렵다. 그래서 음료를 쏟거나 이물질이 묻기 쉬운 상판보다는 파사드로 적용할 때 더 효과적이다. 이런 대안을 함께 찾고 시도하는 것이 중요하다. 나 또한 종이의 촉감에 집중하면서 지속가능성이라는 가치도 함께 지킬 수 있는 제작 방식과 용도를 계속 연구하고 있다.

이우재

네덜란드에 기반을 둔 디자이너로 지금은 호주 멜버른에서 작품 활동을 하고 있다. 다양한 소재를 자신만의 언어로 해석하고 건축 또는 조각적 방법으로 구현하는 작업을 지속하며 가구부터 인테리어 설치물, 조각까지 폭넓은 영역을 다룬다. 현재는 재생 신문지를 재료로 가구와 인테리어 설치물을 제작하는 페이퍼 브릭 프로젝트에 집중하면서 이를 정서적, 공간적 특성을 갖춘 조각 작품으로 발전시키고 있다.

www.woojai.com

Project   유연함이 빛나는 종이 공간

종이는 건축물을 구축하기에는 턱없이 약한 재료이지만 때로는 특유의 물성으로
완전히 새로운 공간을 만들어내기도 한다. 하잘것없이 느껴지던 존재가 도리어
크게 기능한다는 사자성어, 무용지용(無用之用)처럼 종이의 유약(柔弱)함이
건축에서 빛을 발하는 순간들을 모았다.

-

인터뷰 정신오

단순한 메커니즘이
만드는
단단한 구조

카타기리 아키텍처+디자인
가츠야 가타기리 대표

종이는 손으로 접거나 가위로 자르는 것만으로도 수십
가지의 다른 모양을 만들어낸다. 이렇게 전문 설비나 기술
없이도 누구나 쉽게 형태를 바꿀 수 있다는 점은 다른
건축재료와 구분되는 종이만의 특징이다. 일본의 건축가
가츠야 가타기리^{Kazuya Katagiri}는 여기에 단순한 접합 원리를
더해 공간을 구축했다. 종이접기로 지은 이동식 찻집,
시안^{SHI-AN, 紙庵}을 소개한다.

1

2

1
시안은 <일본 문화 박람회>에서
차 문화를 보여주기 위해 제작한
이동식 찻집이다.

2
삼각형 모듈의 날개를 다른 부재의
주머니에 끼우는 방식으로 공간을
구축한다.

감씨(감): 종이를 이용한 파빌리온이다. 공간에 대해 소개해 달라.

가츠야 가타기리(가타기리): 시안은 2016년 열린 <일본 문화 박람회Japanese Culture EXPO>에서 차 문화를 보여주기 위해 계획한 파빌리온이다. 우리는 일본의 미학 중 하나인 '일과성¹⁾'을 공간에 담고자 했고, 종이를 이용해 이동 가능한 찻집을 만들었다.

감: 종이를 선택한 이유가 궁금하다.

-

가타기리: 이 프로젝트의 첫 번째 목표는 누구나 쉽게 지을 수 있는 공간을 만드는 것이었다. 공간을 구축하려면 재료부터 배경지식을 갖춘 전문가, 중장비까지 여러 자원이 필요하다. 시안은 복잡한 공정 대신 '오리가미折り紙'라는 친숙한 기술로 구축되었다. 오리가미는 일본의 전통 종이접기 방식으로 방법만 안다면 누구나 쉽게 공간을 만들 수 있다.

감: 어떤 재료를 사용했나? 선택할 때 고려한 점이 있다면?

-

가타기리: 재활용 와시를 사용했다. 와시는 닥나무 껍질을 쪄서 만든 종이로, 문 형태의 칸막이 벽인 후스마襖나 미닫이문인 쇼지障子의 마감재로 쓰인다. 재활용 와시는 원래 소재보다 두께가 두꺼우면서 무게는 더 가볍다. 게다가 질감이 거칠어 조립했을 때 더 큰 마찰력을 발휘한다.

감: 어떤 방식으로 공간을 구현했나?

-

가타기리: 일반적으로는 나사, 못과 같은 하드웨어를 이용해 부재를 고정하고 연결한다. 하지만 우리는 수백만 개의 세포가 모여 하나의 생명체를 만들어내는 것처럼 작은 부재를 조립해 공간을 구축하고 싶었다. 그래서 모듈 그조를 적용했다. 자세히 보면 모든 면이 한 종류의 삼각형 모듈로 이루어져 있다.

감: 모듈을 제작한 과정에 대해 자세히 설명해 달라. 계획하면서 특별히 신경 쓴 부분은 무엇인가?

-

가타기리: 하드웨어나 접착제를 사용하지 않고 모듈을 연결하기 위해서는 모든 부재가 결구부를 가지고 있어야 했다. 그래서 크기가 500×1000mm인 종이를 대각선으로 여덟 번 접어 두 개의 날개와 주머니로 이루어진 모양을 만들었다. 각 모듈은 날개를 다른 부자의 주머니에 끼우는 방식으로 조립했다. 접착제나 하드웨어를 사용하지 않고, 오로지 종이의 마찰력만으로 고정한다. 완전히 고정되지 않다 보니 시공할 때 한쪽으로 기울어지기도 했지만 그 주변으로 지지대를 세워 문제를 해결했다.

감: 방법이 간단해 금방 만들었을 것 같다. 시안을 짓는 데 얼마나 걸렸나?

-

가타기리: 방법은 단순하지만 수량이 많다 보니 제작 기간이 길어졌다. 4000장을 접는 데 3개월이 걸렸다. 이마저도 학생들이 도와준 덕분에 제 시간에 완성할 수 있었다. 하지만 조립은 6시간 정도로 끝났다. 여섯 명만으로 이뤄낸 성과다.

©KAD

1
종이 파빌리온 'Paper Cloud'의 결합
모습. 접합가공지를 원통형으로 말고,
모듈 위아래의 틈에 다른 부재를
끼워서 한 층씩 쌓았다.

2
원통형의 종이 모듈이 부피감을
형성하며 주변의 조적 건물과 조화를
이룬다.

©KAD

감: 종이 모듈 구조를 활용하면서 느꼈던 장점과 단점은 무엇이었나?
-

가타기리: 조립하고 해체하기가 쉽다. 사용하지 않을 때에는 모듈의 날개를 다른 부재의 주머니에 끼우는 방식으로 부피를 최소화하여 보관한다. 조립 방식을 달리하면 공간의 형태를 바꿀 수도 있다. 2017년 홍콩에 이동식 찻집을 지을 때는 삼각형의 모듈을 서로 다른 방향으로 조립해 요철이 있는 입면을 만들기도 했다. 단점은 구현할 수 있는 크기가 한정적이다. 지붕의 경간이 넓을수록 모듈이 지지해야 할 하중이 커지는데 종이는 소재 자체의 강도가 약해 큰 규모의 공간을 만들기가 어렵다.

감: 시안 외에 종이를 활용한 프로젝트가 있다면?
-

가타기리: 2017년 프랑스 몽펠리에Montpellier에서 열린 건축 페스티벌Festival des Architectures Vives에서는 다른 구조의 종이 파빌리온인 'Paper Cloud'를 전시했다. 몽펠리에는 프랑스 남부에 위치한 도시로, 구시가지에 가면 오래된 조적 건물을 만날 수 있다. 우리는 종이를 벽돌처럼 쌓아 이러한 거리의 풍경과 조화를 이루면서 빛을 투과하는 파빌리온을 완성했다.

감: 종이는 벽돌이나 석재와 비교하면 두께가 훨씬 얇다. 어떻게 조적벽을 만들었나?
-

가타기리: 우선 종이를 원통 형태로 동그랗게 말아 주변의 블록과 비슷한 부피감을 만들었다. 그리고 모듈 위아래의 틈에 다른 부재를 끼워서 한 층씩 쌓았다. 종이는 플라스틱 필름을 감싼 반투명 재질의 접합가공지를 사용해 답답함을 걸어냈다.

감: 건축에서 종이를 더 적극적으로 활용하기 위해서는 어떤 노력이 필요할까?
-

가타기리: 다른 관점에서 바라보는 시각이 필요하다. 종이는 약하고 유연해서 작은 힘에도 쉽게 무너지고 훼손된다. 그러나 이러한 특성은 단단한 재료로는 만들기 어려운 형상을 쉽게 구현해낸다는 측면에서 장점이 되기도 한다. 우리가 진행한 프로젝트는 그 가능성을 보여주는 과정이다. 종이를 약한 재료로 치부하기보다는 디자인적으로 시도할 수 있는 부분에 더 주목하면 좋겠다.

1) 일과성(Transientness): 일시적으로 일어나는 일이나 현상.

가츠야 가타기리(카타기리 아키텍처+디자인Katagiri Architecture + Design 대표)
2014년에 설립된 도쿄 기반의 건축·디자인 회사로, 지역에 대한 섬세한 통찰을 바탕으로 공간을 계획한다. 대표인 가츠야 가타기리는 2007년 미국 일리노이 공과대학교Illinois Institute of Technology에서 건축학과를 졸업하고, 같은 해에 멕시코에서 로페즈 카타기리 아키텍츠Lopez Katagiri Architects를 공동 설립했다. 그리고 2010년에 일본으로 돌아와 켄고 쿠마 앤 어소시에이츠Kengo Kuma & Associates에서 실무를 쌓았다.
www.k-a-d.jp

공간을
포장하다

픽션 팩토리
옵 실링 Oep Schiling 대표

3분이면 조리되는 즉석식품처럼 3일이면
뚝딱 완성되는 집이 있다. 나무와 종이를
이용해 만든 비켈하우스가 그 주인공이다.
짧은 시간 안에 공간을 구현해 내는 핵심
기술은 두루마리처럼 골판지를 돌돌 감는
'리와인드Rewind'이다. 쉽고 빠르게 짓는
종이집, 비켈하우스를 소개한다.

-
사진 Wikkelhouse / Yvonne Witte

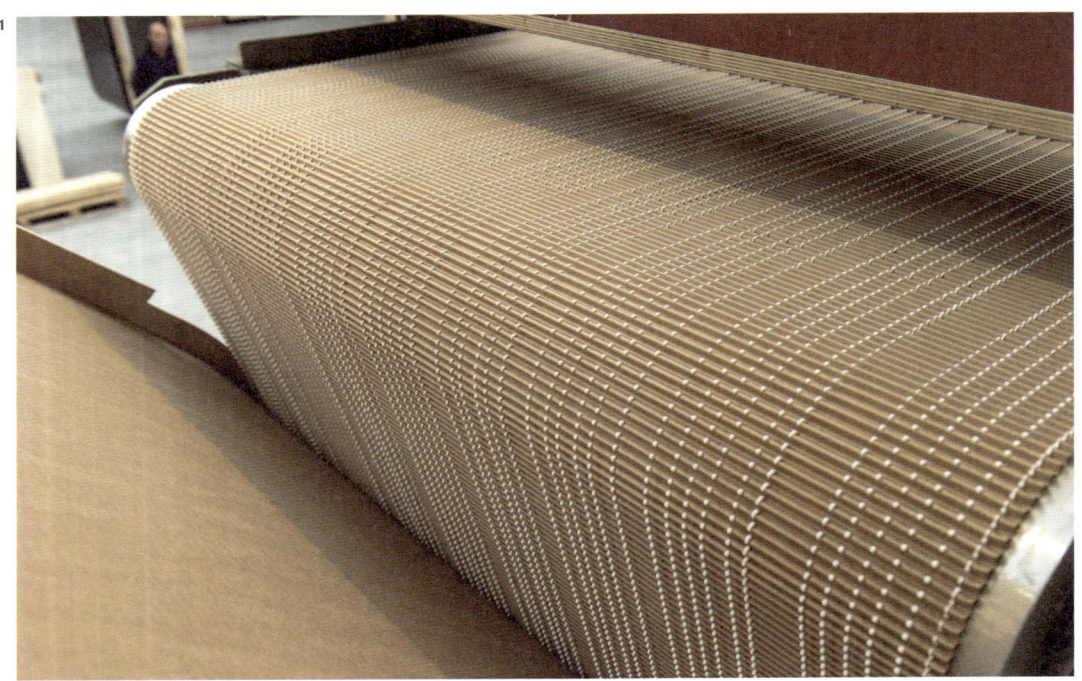

1
골판지에 길이 방향으로 접착제를
도포하여 재료 간의 고정력을 높인다.

2
골판지를 감는 모습. 집 모양의 틀을
360°로 회전시키면서 종이를 밀착한다.

3
전기와 가스, 오수 설비 등 공간으로
활용하기 위해 필요한 장치를 갖춘
스마트 홈 모듈.

감씨(감): 골판지로 건축물을 만든 것이 인상적이다. 공간에 대해 소개해 달라. 골판지를 사용하게 된 계기가 있나?

-

옵 실링(실링): 발명가 르네 스넬Rene Snel이 무게가 무거운 나무 상자를 대체하기 위해 바닥판 가장자리에 골판지를 둘러 상자를 만든 것에서 영감을 받았다. 비켈하우스Wikkelhouse는 이러한 제작 방식을 공간으로 확장한 프로젝트다. 우리는 그간의 시공 경험을 바탕으로 건물을 구축하는 방식을 계획했다.

감: 주로 어떤 용도로 쓰이나?

-

실링: 별장부터 게스트하우스, 사무실까지 다양한 용도로 이용한다. 공간을 분리했다가 다른 모습으로 사용하는 것도 가능해 파빌리온이나 박람회장처럼 임시로 운영하는 공간에 쓰이기도 한다.

감: 모듈에 대해서 더 자세히 알고 싶다. 어떤 과정으로 만들어지나?

-

실링: 우선 너비가 1.2m인 골판지를 집 모양의 틀에 고정하고, 길이 방향으로 접착제를 도포한 뒤 돌돌 감는다. 일반적으로는 컨베이어 벨트가 움직이면서 재료를 운반하지만 우리는 틀이 360°로 회전하면서 종이를 잡아당겨 더 잘 밀착된다. 열두 겹 정도 감고 나면 외부 충격으로부터 찌그러지지 않도록 목재를 덧댄다. 판재를 설치할 때는 사이사이에 튜브를 끼워 모듈을 결속하는 길을 만든다. 그런 다음 골판지를 다시 열두 겹 감고, 20시간 동안 건조하면 크기가 1.2×4.6×3.5m인 모듈이 완성된다.

감: 종이는 습기에 약하다. 공간에 적용하기 위해 거친 가공이 있다면?

-

실링: 골판지를 가공하는 대신 방습 필름으로 모듈을 감쌌다. 이 필름은 외부의 수분을 차단하는 동시에 골 사이에 쌓인 습기를 밖으로 너보낸다. 그래서 비가 와도 종이가 손상되지 않는다. 설치할 때에는 필름의 끝을 목재에 고정해야 종이가 찢어지지 않는다. 이렇게 1차로 고정하고 나면 테이프를 붙여 접착력을 높이고, 외장용 목재를 덮어 자외선으로부터 표면을 보호한다

감: 공간으로 활용하기 위해서는 냉난방이나 방수, 단열 같은 요소가 갖춰져야 하는데, 이러한 부분에는 어떻게 대처했나?

-

실링: 기능적인 부분을 더한 스마트 홈 모듈을 계획했다. 주방이나 욕실처럼 물을 사용하는 모듈에는 오수 설비를 함께 설치한다. 전기와 가스도 마찬가지다. 이런 식으로 욕실. 주방 등의 표준을 정해 필요에 따라 스마트 홈 모듈을 조합하도록 했다.

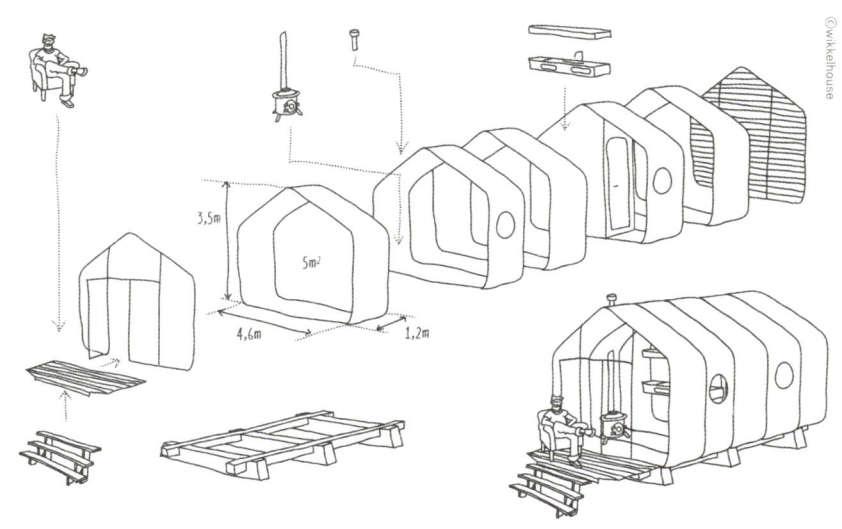

1

©wikkelhouse
3,5m
5m²
4,6m
1,2m

2

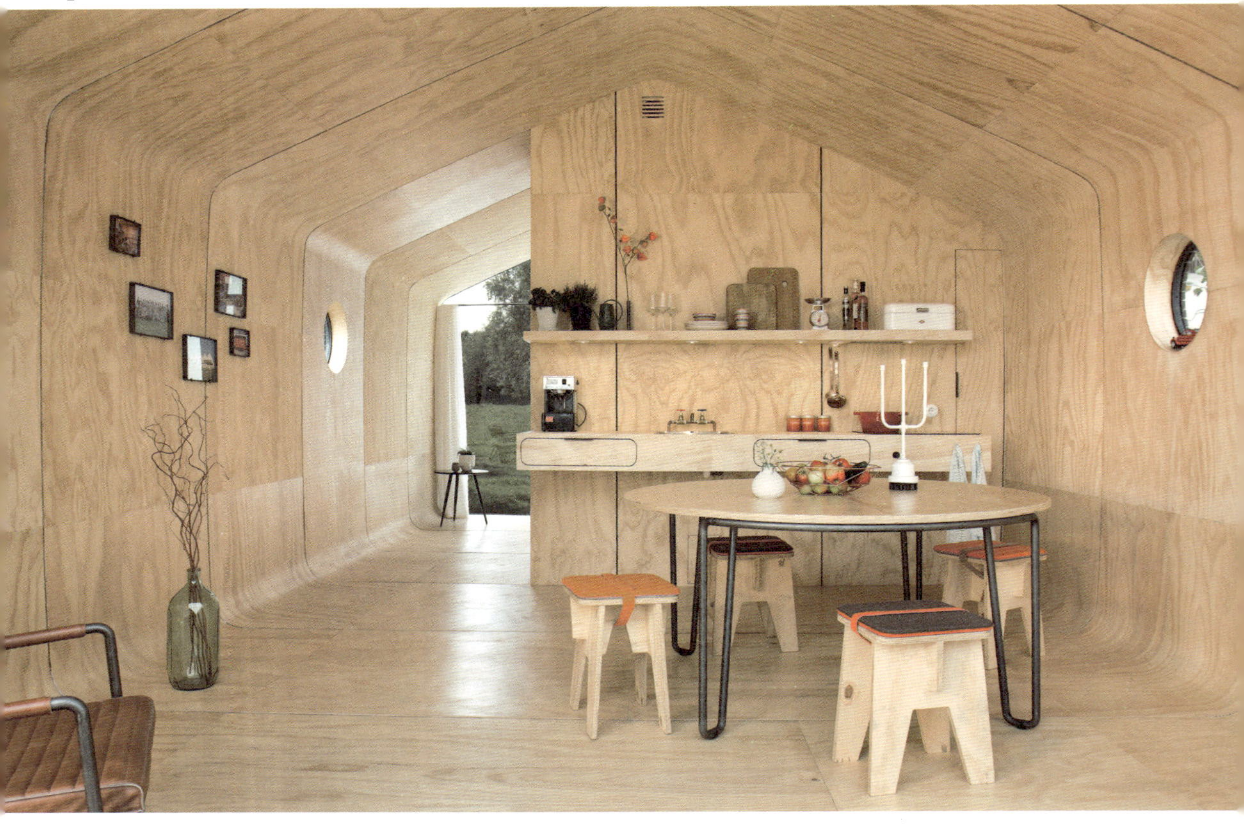

1
비켈하우스의 조립도.

2
1인이 생활하는 주거 공간을 만들려면 다섯 개 이상의 모듈이 필요하다.

감: 주거 공간으로 사용하려면 최소 몇 개의 모듈이 필요한가?

-

실링: 사용자와 공간의 구성에 따라 달라진다. 1인을 기준으로 하면 주방과 욕실로 사용할 스마트 홈 모듈 두 개와 벽난로의 연기를 배출할 굴뚝 모듈 한 개 그리고 거실과 침실이 되는 기본 모듈 두 개까지 최소 다섯 개는 설치하기를 권장한다.

감: 모듈은 어떤 방식으로 연결하나?

-

실링: 우선 바닥에 육면체 모양의 콘크리트 바를 평행하게 깔고, 여기에 수직 방향으로 목재 보를 얹어 기초를 만든다. 그 위에 모듈을 올리고 하드웨어를 이용해 1차로 고정한다. 그리고 나서 판재 사이에 설치한 튜브에 커넥팅 볼트를 관통시켜 공간이 분리되지 않게 단단히 결속한다.

감: 이 방식이라면 건물이 ―자 형태로 지어지는데 배치를 바꾸는 것도 가능한가?

-

실링: 기본적으로는 일렬로 늘어선 구조다. 하지만 모듈 사이에 복도를 연결하면 배치를 바꾸는 것도 가능하다. 실제로 산티아고에 거주하는 부부의 별장은 복도를 이용해 공간을 세 동으로 구분했다. 가운데 동은 기본 모듈을 이용해 부부가 휴식을 취하는 거실로 계획했다. 서쪽 동은 침실이라 욕실 기능을 갖춘 스마트 홈 모듈을 더하고 동쪽 동은 전기와 가스가 연결된 모듈을 배치해 주방으로 쓸 수 있도록 했다.

감: 골판지를 건축재료로 사용하면서 느꼈던 장점은?

-

실링: 같은 양의 나무를 쓴다고 가정하면 목재보다 골판지로 적용했을 때 더 많은 집을 지을 수 있다. 또 밀도가 높은 목재와 달리 골판지는 다공질이라 축열과 흡음 성능이 우수하다. 두께가 얇아 가공하기 쉽다는 것 역시 다른 재료와 구별되는 종이의 장점이다. 덕분에 모듈을 제작하고 시공하는 데 3~4일밖에 걸리지 않는다.

감: 앞으로는 어떤 방향으로 발전시킬 계획인가?

-

실링: 공간을 구축하는 방법은 어느 정도 체계가 잡혔다. 이제는 공간에 다양성을 주려 한다. 그래서 건물의 배치나 내부 재료 그리고 창문을 새로운 방식으로 적용하며 테스트하고 있다. 국가마다 환경과 건축 규정이 달라서 아직은 네덜란드와 벨기에, 룩셈부르크, 독일, 프랑스, 영국 등 유럽을 중심으로 적용하지만 조금씩 지역을 확장할 예정이다.

픽션 팩토리 Fiction Factory
네덜란드를 중심으로 활동하는 건설사다. 1989년 극장 세트를 제작하던 것에서 시작해 현재는 가구부터 건축물까지 다양한 프로젝트를 진행한다. 골판지로 만든 집인 비켈하우스는 그중 하나로 2012년부터 꾸준히 작업을 이어오고 있다.

©molo

People   각자의 물성으로 만든 가구

앞으로 소개할 네 명의 디자이너는 각자의 시각으로 종이를 바라본다. 그리고 그
해석에 살을 입혀 자신만이 할 수 있는 결과물을 지어낸다. 그들의 관점을 거쳐
새롭게 태어난 종이를 들여다보는 시간을 마련했다.

글 정경화

공간을 가득 채우는 종이 모듈

몰로의
소프트 컬렉션

몰로의 소프트 컬렉션 모듈은 크고 작은 아이템으로 확장하며
하나의 공간을 다양한 모습으로 변모시킨다. 이를 실현하는
비결은 종이의 부드럽고 유연한 물성이다.

모듈에서 시작하는 유연한 디자인

몰로molo는 스테파니 포사이드Stephanie Forsythe와 토드 맥앨런Todd MacAllen이 설립한 캐나다의 디자인 스튜디오다. 2000년 건축 설계사무소로 시작했지만 지금은 인테리어 아이템인 소프트 컬렉션Soft collection으로 더 알려져 있다.

소프트 컬렉션은 종이와 텍스타일을 아코디언처럼 접어서 만든 모듈 시스템이다. 부드럽고 유연한 모듈은 공간에 맞춰 자유자재로 늘려 설치하고 사용이 끝나면 다시 얇게 겹쳐 보관한다. 종이는 한 장으로는 약하지만 여러 겹 겹치면 수백 kg에 달하는 무게를 지지할 정도로 강해진다. 두 디자이너는 이러한 소재의 특성에 착안하 여러 겹으로 접고 펼치는 방식과 벌집 모양의 단면 구조를 개발, 소재의 약한 물성을 효과적으로 개선했다.

제품은 스툴과 테이블부터 조명, 파티션, 실내 파사드까지 다양하다. 모듈의 형상과 이용 방법은 제품의 종류가 무엇인지에 따라 조금씩 달라진다. 먼저 크기가 가장 작은 소프트시팅은 얇게 접힌 책 모양의 모듈을 부채를 펼치듯 한 바퀴 회전시켜 형태를 만든다. 그리고 양끝을 고정하면 스툴이나 벤치, 테이블이 뚝딱 완성된다. 이들이 오브제라면, 소프트월과 소프트블록은 영역을 분할하는 파티션이나 파사드가 되어 공간에 더 적극적으로 관여한다 블록을 접었을 때에는 책의 두께와 비슷한 정도이지만 펼치면 최대 4.5m까지 길게 늘어난다. 양끝에는 자석 패널이 달려 있어 여러 모듈을 연결해 커다란 벽면을 만들 수도 있다. 소재가 지닌 부드러운 질감이 공간에 녹아들어 차분하고 은은한 분위기까지 더해 준다. 또한 흡음성이 뛰어나 패션쇼나 이벤트, 공연을 하기에 특히 좋다.

-
인터뷰이 **몰로 토드 맥앨런 디렉터**
사진 **molo**

지속가능한 모습으로 공간을 이용하는 방법

소프트 컬렉션은 하나의 장소를 지속가능한 방식으로
이용하기 위해 만들어졌다. 스테파니 포사이드와
토드 맥앨런은 그 방법으로 가변적인 모듈로 공간을
분할하고 재편성하는 것을 제안한다. 이 아이디어는
1994년, 콜롬비아 외딴 지역의 대규모 건축 프로젝트에
참여하면서부터 시작됐다. 당시 그들은 마을의 어부들이
거주하는 집을 조사하면서 흥미로운 주거 방식을
발견한다. 이곳의 어부들은 물 위에 집을 짓고 살았는데,
처음에는 실내 공간을 따로 구획하지 않은 채로 지내다가
가족이 늘어나면 파티션으로 만든 벽을 추가했다.
파티션은 천장까지 닿지 않아 빛이나 공기가 통하면서도
프라이버시를 보장하고, 원한다면 언제든지 없앨 수
있었다. 그 모습에서 영감을 받은 두 디자이너는 가볍고
유연한 소재로 공간을 분할하는 방법을 연구하기 시작했다.
그리고 2001년 아오모리 국제 주택 공모전에서 소프트
하우징이라는 개념을 처음 대중에게 선보인다.

"소프트 하우징은 부드럽게 확장하는 직물 구조를
이용해 작은 아파트 공간을 여러 가지 형태로 바꾸는
아이디어입니다. 하나의 공간을 여러 개의 방으로 분할할
수도, 혹은 모두 없앨 수도 있죠. 당시 구성 요소로 계획했던
벽과 의자, 조명을 별도의 제품으로 개발하면서 지금의
소프트 컬렉션이 탄생했습니다. 중요한 것은 소프트
컬렉션의 조명과 가구, 파티션이 하나의 모듈 시스템을
기반으로 한다는 점이에요. 조명 모듈로 스툴을 만들 수도
있고 그 반대도 가능합니다. 더 나아가 레고를 조립하듯
원하는 대로 조합해 완전히 새로운 유형을 탄생시킬 수도
있죠. 그 결과 사용자는 우리가 예상했던 것보다 훨씬 더
많은 것을 만들어 냈습니다."

연약함과 강인함의 양면성을 갖춘 재료

건축물은 대개 철이나 콘크리트처럼 강하고 단단한 재료로
지어진다. 그래서 한번 만들어지고 나면 변화를 주기 어렵다.
반면 종이는 기존의 건축재료만큼 강하지는 않지만 대신
변화에 유연하게 대응한다.

"제작까지 직접 하다 보니 제품을 디자인할 때부터
만드는 과정에서의 효율이나 소재에 대해 많이 고민하게
됩니다. 특히 재료를 고를 때는 제조 과정에서 에너지를
지나치게 소비하지는 않는지, 재활용은 쉬운지를 중요하게
고려하는데, 이러한 측면에서 종이는 가능성이 많은
재료예요. 콘크리트나 철로 짓는 것보다 훨씬 에너지를 적게
쓰고 재활용도 쉽습니다."

1 뉴욕의 브레이킹 그라운드가 주최한 주택 공모전에 제출한 작품. 소프트 하우징 아이디어를 바탕으로 확장과 축소가 가능한 방을 제안했다.
2 2015 더치 디자인 위크에서 선보인 몰로의 전시 공간.

몰로

캐나다 밴쿠버를 중심으로 활동하는 디자인 스튜디오다. molo는 '중간 크기의 것들, 작은 크기의
것들(middle ones little ones)'의 약자로, 작은 물건도 공간의 분위기를 만들기에 충분함을
뜻한다. 이러한 가치를 담아 찻잔 세트부터 조명, 가구와 파티션, 파사드까지 다양한 아이템을
선보인다. 그들의 작업은 시적인 아름다움과 실용성을 인정받으며 전 세계 디자인 어워드에서
여러 차례 수상했고, 현재 뉴욕현대미술관에서 영구 소장품으로 전시 중이다.

www.molodesign.com

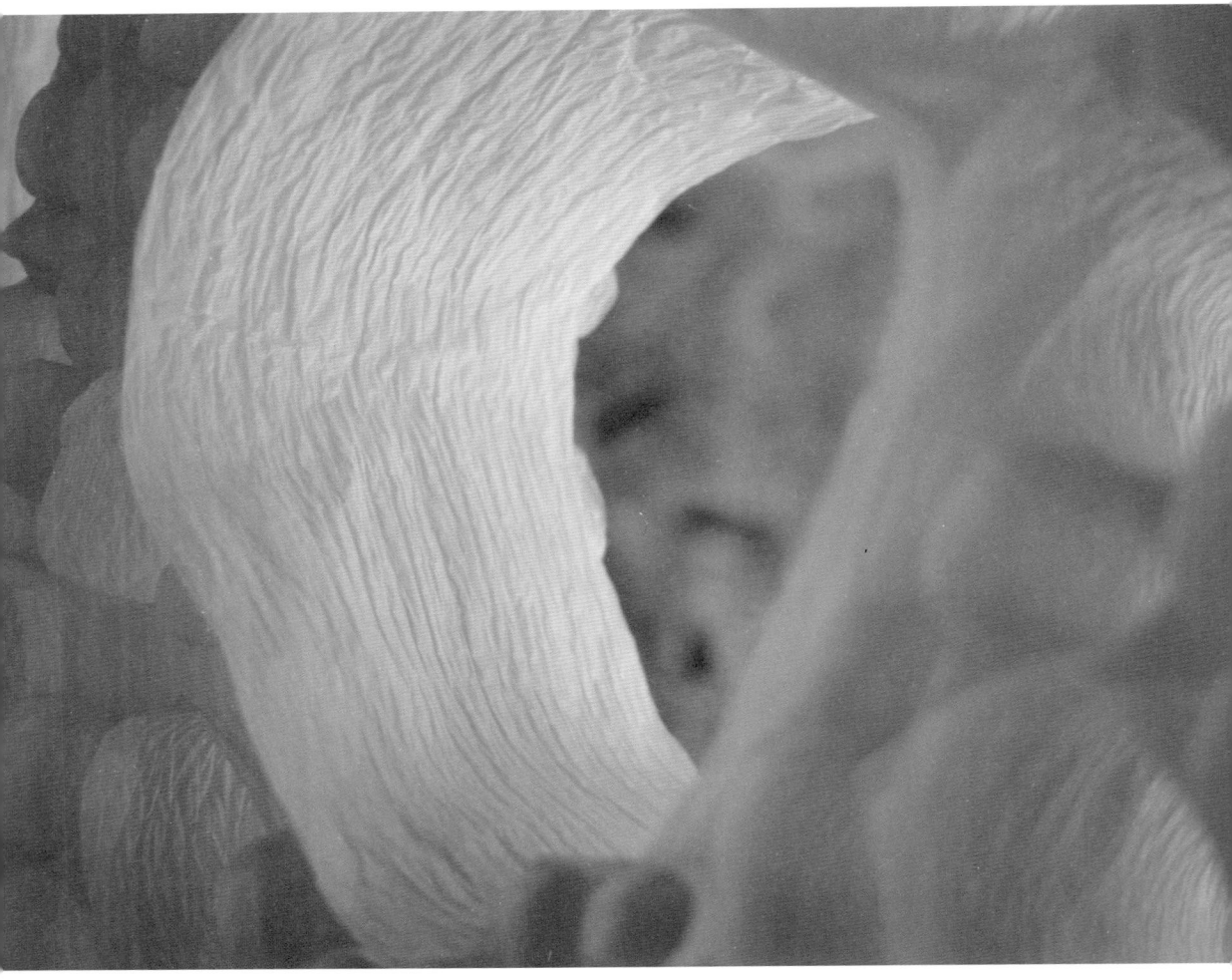

종이와 쌀물로 만든 조형

파오 후이 카오의
페이퍼 앤드 워터

-
인터뷰이 **파오 후이 카오** 작가
사진 **Pao Hui Kao**

파오 후이 카오는 종이가 움직이고 변화하는
순간을 포착한다. 순간을 굳혀 만든 그의
작업, 페이퍼 앤드 워터Paper & Water는 종이의
움직임과 시간이 담긴 타임캡슐과도 같다.
찰나의 순간을 작품으로 기록하는 과정을
따라가 보았다.

재료를 찾아가는 여정

스튜디오 파오Studio Pao의 작가 파오 후이 카오Pao Hui
Kao는 재료에 대한 리서치를 바탕으로 작품을 만든다. 그는
예전부터 3차원 물체와 이를 구성하는 가장 기본 요소인
재료에 관심이 많았다. 익숙한 재료를 새로운 관점에서
바라보고 구현하는 작업 방식 역시 이러한 흥미에서부터
비롯되었다.

"처음에는 색소나 코팅 같은 화학물질어 알레르기를
일으키는 체질 때문에 종이를 사용했어요. 그러다 종이가
수축하면서 생기는 미세한 움직임을 3차원 형태로
고정할 수 있을지에 대해 호기심이 생겼습니다. 그때부터
본격적으로 종이를 실험하게 되었죠."

그는 적합한 물성을 찾기 위해 베이킹 페이퍼나
티슈처럼 일상에서 볼 수 있는 수많은 종이를 실험했다.
기나긴 시도 끝에 최종적으로 선택한 것은 속이 비칠 듯
얇은 재질의 트레이싱지였다. 금방이라도 찢어질 것 같은
종이는 그의 손을 거치며 한계를 모르는 듯 끊임없이 모습을
바꾼다. 때로는 조명, 오브제가 되었다가 터 이블과 스툴을
비롯한 가구, 공간 전체를 채우는 설치물로 이어지기도 한다.
얇고 반투명한 재질 덕분에 그의 작업은 빛이 드리울 때 더욱
아름답다. 빛은 여러 겹의 종이를 투과하며 주변으로 은은한
반짝임을 흩뿌린다.

스위스의 천연 화장품 브랜드 벨레다의 콘셉트 스토어에 작업한 천장 조명.

파오 후이 카오와 그가 작업한
테이블 몸체, 스툴, 그리고 파사드.

종이에 단단함을 불어넣는 방법

가구의 재료로 얇디 얇은 종이를 그냥 쓸 수는 없는 일. 그는 종이를 단단하게 만드는 물질을 찾아 다시 한 번 탐험을 떠난다. 그리고 수차례 실험한 끝에 마침내 쌀을 끓여 만든 물을 이용해 본래의 형태를 유지하면서 강도를 높이는 방법을 발견한다.

"본디 물은 종이와 상극이지만 쌀의 녹말 성분이 섞이면 상황이 조금 달라집니다. 종이가 수축되어 주름이 더 쉽게 생기고 물이 마른 후에는 주름진 형상이 그대로 굳어지면서 가구를 만들 수 있을 정도로 강도가 높아져요. 접착하는 성질이 생겨 부재를 잇고 고정하는 것도 가능합니다. 감자처럼 녹말이 풍부한 다른 재료도 써봤지만 쌀이 가장 효과적이었어요."

그의 작품은 가구나 조명, 설치물 등 종류에 관계없이 원통형의 종이 모듈을 조합해 구축한다. 모듈은 종이를 가느다란 원통 형태로 말아낸 다음 쌀을 끓인 물에 담가 만든다. 물이 완전히 마르고 나면 약했던 종이 다발이 튼튼하면서도 가벼운 구조물로 변한다. 이렇게 완성한 모듈을 여러 다발 묶고 접착제를 도포하듯 사이사이에 쌀물을 발라 고정하면 원하는 형상이 탄생한다. 작업에 따라 코팅을 입혀 내화성을 구현하고 물에 젖지 않도록 오일과 래커를 덧바르기도 한다.

유약한 종이와 독특한 형상의 조화

파오 후이 카오의 작품은 주변에 자연스럽게 녹아드는 분위기와 존재감이 강한 형상이라는 양면성을 지녔다. 이러한 특징은 스위스의 천연 화장품 브랜드인 벨레다Weleda의 콘셉트 스토어에 설치된 종이 조형물에서 여실히 드러난다. 이 프로젝트는 천연 소재로 만들어진 천장 조명을 찾던 클라이언트가 그의 작품을 접하고 의뢰한 것으로, 원형 다발이 천장을 채우며 독특한 형상을 이룬다. 그럼에도 장소의 일부인 듯 조용히 스며드는 것은 새하얀 색감과 반투명한 물성의 종이 덕분이다. 이곳에서 우리는 유약하고 부드러운 종이의 특성이 빛을 발하는 순간을 만날 수 있다.

파오 후이 카오
2016년 아인트호벤 디자인 아카데미에서 컨텍스추얼 디자인Contextual Design으로 석사학위를 받았다. 지금은 네덜란드에서 재료를 연구하며 이를 기반으로 디자인 작업을 선보인다. 일상의 평범한 재료를 실험해 특별한 미학을 창조하는 작업으로 자신만의 독특한 시선과 그 속의 세계를 꾸준히 전하고 있다.
www.paohuikao.com

원통형의 종이 모듈을 조합해 만든 테이블.

도자기를 닮은 종이 의자

오상원의
펄프 가구

종이는 대개 자르고 접고 붙이는 방법으로 형태를 만든다. 그러나 오상원 작가는 보편적인 방식에서 벗어나 마치 흙을 다루듯 종이를 대한다. 켜켜이 쌓은 펄프에 섬세한 손길을 더해 완성한 그의 종이 가구를 소개한다.

두 작가의 소재 탐구

재료Jaeryo는 펄프를 다루는 작가 오상원과 세라믹 작가 김누리가 2017년 함께 설립한 스튜디오로, 이름처럼 소재에 대한 탐색을 지속하는 곳이다.

"산업에서 쓰이는 소재는 대부분 목적이나 용도가 정해져 있어요. 스튜디오 재료는 이렇듯 고정된 역할에서 벗어나 상업적이지 않고 오히려 때로는 비효율적으로 느껴지는 방식으로 작업하며 새로운 시각으로 소재를 바라보려 합니다."

그의 말대로 소재는 그들의 손을 거쳐 색다른 모습으로 재탄생한다. 이를테면 종이에 레진이나 옻칠을 더해 만든 오상원의 가구는 도자기의 방식을 닮았다. 흙을 빚어 형태를 세우고 유약을 발라 구워 내듯, 죽처럼 짓이긴 종이를 쌓고 표면을 다듬어 완성한다. 부드럽고 유연한 물성이 반복해서 겹쳐지며 하나의 형상을 구축하는 것 또한 도자기와 닮은 점 중 하나다.

펄프를 빚어 만든 가구

오상원은 대학교에서 종이물성학을 공부하다 처음 종이의 원료인 펄프를 접했다. 펄프는 수많은 섬유가 얽힌 상태로, 품고 있던 물이 마르면서 조직이 단단히 결합해 종이의 모습이 된다. 그는 이러한 과정을 접하고서 소재의 결합력을 이용한 작업을 떠올렸고, 펄프를 쌓고 단단하게 굳히는 방식을 시도하게 됐다.

"작업 과정은 조소와 비슷합니다. 목저 프레임을 세우고 펄프를 켜켜이 쌓아 모양을 잡은 다음, 샌딩을 하거나 바니시, 레진으로 마감합니다. 그중에서도 펄프로 형태를 잡는 과정은 작품의 형상을 결정하고 강도가 발현되는 단계라 가장 많은 공을 들입니다."

요즘에는 펄프를 활용해 다른 소재와 차별화된 형태와 질감을 보여주는 방법을 고민한다. 목재 프레임으로 형태를 구현하기 어려운 경우에는 철재나 폴리스티렌을 사용하기도 하고, 작품에 따라 질감에도 변화를 준다. 질감은 표면을 마무리하는 방식에 의해 결정된다. 분더샵에서 열린 주얼리 브랜드 포트레이트 리포트의 팝업 행사에서는 표면을 스펀지로 두드려 바위의 질감을 저현했다. 반면, 프리츠 한센의 전시 <무브먼트 인 사일런스: 불완전한 아름다움>에서 아르네 야콥센Arne Jacobsen의 릴리체어를 오마주하여 만든 작품인 'Paper Chair'는 손으로 최대한 넓게 펴 발라 종이의 질감을 자연스럽게 표현해냈다.

펄프라는 재료의 가능성

종이는 부드럽고 유연하다. 장점이 뚜렷한 만큼 약하고 쉽게 손상된다는 그 이면의 단점 또한 확고하다. 특히 물을 흡수하고 외부의 충격에 약하다는 점은 가구의 재료로서 치명적이다. 그는 이를 극복해 단단한 물성을 구현하는 것을 작업에서 가장 발전시키고 싶은 부분으로 꼽는다.

"초반에는 옻을 칠해 보기도 했지만 시간이 오래 걸리고 환경에 따라 결과물의 차이가 큰 편이라 쓰지 않게 됐어요. 지금은 바니시나 레진을 주로 사용합니다. 가구처럼 일정한 강도가 요구되는 작업을 할 때에는 펄프에 벽지용 풀, 목공용 본드, 석고 분말과 같은 점착성을 지닌 물질을 섞어 작업성을 높이기도 합니다. 요즘에는 한지를 다시 써보고 있어요. 한지에 레진을 바르고 돌돌 마는 과정을 여러 번 거치면 가벼우면서도 강도가 높아져 펄프로는 만들 수 없었던 얇은 두께의 작업이 가능합니다. 이 방식을 활용해 건축적이면서도 추상적인 작업을 해보려고 합니다."

그는 펄프를 가구에만 국한하지 않고 모든 공간에 쓸 수 있는 소재로 바라본다. "특히 문이나 몰딩처럼 공간 전체의 분위기를 좌우하는 자재를 제작하는 데에 흥미가 있어요. 그중에서도 가장 작업해보고 싶은 것은 벽체입니다. 가장 넓은 면적을 차지하기도 하고, 공간의 기본이라고 생각하기 때문이에요. 대형 타일처럼 부착할 수 있는 형태로 제작한다면 충분히 가능성이 있다고 봅니다."

1, 2
재료가 되는 펄프는 계란판에 벽지용 풀, 목공용 본드, 석고 분말 등을 섞어 만든다.

3
프레임에 펄프를 쌓아 형태를 잡아 나가는 오상원 작가의 모습.

오상원

제지공학을 전공하였고 2017년부터 재료Jaeryo 스튜디오를 운영하며 디자이너로 활동 중이다.
펄프와 세라믹 외에도 다양한 재료의 활용을 고민하며 작업하고, 분더샵과 프리츠 한센,
스페이스-비, 챕터원에서 협업 또는 전시를 진행했다.

세상에 딱 한 점

바딤 키바르딘의
페이퍼 퍼니처

바딤 키바르딘의 페이퍼 퍼니처는 예술과 제품,
사회운동의 경계에 있다. 종이는 작품의 주된 재료인
동시에 그의 예술이 사회의 규모로 확장되도록 돕는
조력자다.

디자인 제품에서 예술 작품으로

바딤 키바르딘Vadim Kibardin은 시계, 마우스 등 다양한
시그니처 아이템을 선보이며 전 세계적으로 사랑받는 제품
디자이너다. 숫자 모양의 네온 사인으로 이루어진 디지털
시계는 국내에서도 큰 인기를 끌었다. 그러나 그가 선보이는
페이퍼 퍼니처Paper Furniture는 이러한 디자인과는 사뭇
느낌이 다르다. 그간의 작업이 대량생산을 기본으로 하는
산업 제품이었다면, 이 컬렉션은 손수 제작해 어느 것 하나
같은 형태가 없는 예술 작품이다.

　"값싸게 만들어 짧게 사용하고 버리던 시대에서 환경을
염려하고 개인에 집중하는 시대로 변화하고 있습니다. 또
디지털이 발달할수록 역으로 아날로그가 주는 경험을
열망하게 되죠. 직접 손으로 만드는 작업을 통해 가구에
인간적인 감각을 담으려고 합니다."

　그동안 페이퍼 퍼니처 컬렉션을 위해 그가 작업에
쏟은 기간만 6870시간. 틀을 따로 쓰지 않고 손수 종이를
쌓는 방식으로 26년 동안 21가지의 의자를 제작했다.
컬렉션에서 발견할 수 있는 또 한 가지의 특징은 재료다.
그는 시중에 유통되는 종이 대신 재활용 업체에서 수급한
판지로 의자를 만든다.

　"환경오염은 인류가 직면한 가장 큰 문제입니다. 지속
가능성은 이제 모든 산업에서 이뤄야 할 목표가 되었고요.
페이퍼 컬렉션은 오로지 재활용한 판지와 종이, 접착제로만
이루어져 있습니다. 종이만 사용하다 보니 눈으로
감상하는 작품이라고 오해를 받기도 하지만 충분한 하중을
지지하기에 실생활에서도 사용할 수 있습ᅵ다. 몸에 닿는
촉감도 편안하죠."

-
인터뷰이 **바딤 키바르딘 작가**
사진 **Vadim Kibardin** (별도 표기 외)

검은 켄타우로스라는 별명이 붙은 블랙 컬렉션 №.11 체어.

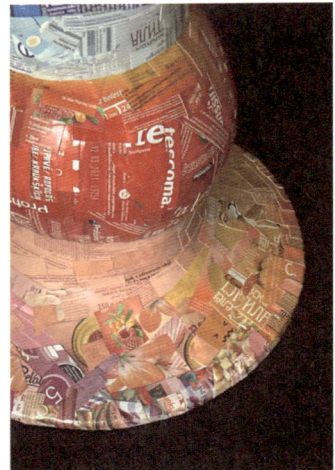

알록달록한 색상이 눈길을 사로잡는 토템 컬렉션의 가구.

하나의 재료, 상반된 스타일

페이퍼 퍼니처는 이름처럼 온통 까만 종이로 뒤덮인 블랙
컬렉션과 알록달록한 토템 컬렉션의 두 가지가 있다.
블랙 컬렉션은 재활용한 판지를 쌓아 형태를 구축한 다음
숯처럼 까만 종이를 얇게 덧대어 완성한다. 검은색을
사용한 데에는 장식이나 불필요한 요소를 더하지 않고
형태에만 집중하겠다는 의미가 담겼다. 검은색 종이는
똑같아 보이지만 작품마다 조금씩 다른 제품을 쓴다.
No.5는 독일의 오래된 종이 제조사인 그문드Gmund 사의 콜
블랙Coal Black이라는 종이를 47장 사용해 표면을 마감했다.
이 소재는 평량이 200~300g/m²로 두껍고 튼튼해
안정적인 지지 구조를 만들 수 있으며 시간이 지나면서
사용자에 맞게 형태와 질감이 변해 쓸수록 편안해진다.
종이의 부드러운 질감 또한 가죽처럼 무르익으며 더욱
아름다워진다. 변화를 주는 방법도 간단하다. 겉면에 새로운
종이를 덧입히면 완전히 새 제품으로 재탄생한다.

온통 새까만 블랙 컬렉션과 달리 토템 컬렉션은
알록달록한 색상이 눈길을 사로잡는다. 사탕이나
아이스크림이 떠오르는 쨍한 색상과 톡톡 튀는 분위기가
가득한데, 이는 실제 과자나 식음료 포장에 쓰였던 종이를
재료로 했기 때문이다. 완성도를 높이기 위해 디자이너는
버려진 포장재를 모아 색상과 표면 처리 방식에 따라 구분하고
색이 화려한 것만 골라 사용한다. 산업폐기물로 하나뿐인
예술품을 만든다는 상반된 조합도 인상적이지만, 더욱 놀라운
점은 이 의자를 DIY 가구로 계획했다는 사실이다.

"토템 컬렉션은 제작 가이드가 있어 재료만 준비하면
누구나 직접 만들 수 있습니다. 조용히 손을 움직이며
명상하듯 작업하거나 반대로 여럿이 함께 하며 서로
소통하는 시간을 보낼 수도 있어요."

종이의 힘

종이는 쉽고 직관적이다. 자르고 붙이는 것만 할줄 안다면
원하는 모습을 뚝딱 만들어낼 수 있다. 바딤 키바르딘은
이러한 장점을 접목해 예술을 함께하는 행위로 바꾸어 냈다.

"제품이 환경에 미치는 영향은 설계 단계에서 이미
70%가량 결정됩니다. 지속가능성을 높이려면 토템
컬렉션과 같은 세컨드 라이프 양산품Second life mass
product의 방식을 고민해야 합니다. 전문 엔지니어와
디자이너가 포장재를 활용한 솔루션을 개발하고 소비자는
계란판이나 신발 박스, 휴지심 같은 종이 포장재를 사용해
가정에서 제작하는 것이죠. 이러한 제조 방식이 얼마나
많은 사람들의 참여를 이끌어낼 수 있을지, 브랜드의
지속가능성에는 얼마나 영향을 미치게 될지가 앞으로
연구하고 싶은 주제입니다."

우리는 어느 곳에서든 쉽게 포장재를 만난다. 이는
그만큼 지구 환경에 부정적인 영향을 미칠 가능성이 높다는
의미이기도 하다. 그는 이에 대한 책임을 제조사와 사용자
모두에게 던지며, 더 나아질 방법을 고민한다. 토템 컬렉션의
방식은 책임감 있게 소비하고 폐기물을 줄이는 실천이자 더
나아가 새로운 삶의 방식이 될 수 있다.

Courtesy of Mia Karlova Galerie

바딤 키바르딘

러시아 우랄 연방대학교 Ural Federal University 건축 예술학부에서 산업디자인을 공부하고 체코 프라하에서 키바르딘 디자인 스튜디오 Kibardin Design Studio를 설립해 산업 디자이너이자 예술가로 활동하고 있다. 가구와 빛, 시간에 관심을 두고 사물의 본질을 새롭게 해석하면서도 기능을 놓치지 않는 작품을 선보인다. 그가 디자인한 시계인 화이트 앤 화이트 클락 White & White Clock은 전 세계 27개국에 소개되며 인테리어 오브제로 큰 인기를 끌었다.

www.kibardinart.com

5

SUPPLEMENT

종이를
경험하는
공간

전통 한지에 집중하는 도심속 센터부터
깊은 산자락, 자연과 어우러진
종이박물관까지. 종이를 보고 만지며
오감으로 체험하는 공간을 모았다.

-
글 정경화, 박우진

전국의 한지를 만나다
한지문화산업센터

글 박우진

한지에 꼬리표처럼 따라붙는 전통이라는 수식어는 때로 재료를 더없이 지루하게 느껴지도록
만든다. 한지문화산업센터는 이러한 편견을 탈피하고 한지산업의 선순환을 도모하고자
한국공예디자인문화진흥원에서 설립한 공간이다. 이곳에서는 다양한 전시와 체험
프로그램으로 한지의 쓰임과 우수성을 알리고 자연스럽게 관심을 유도한다. 덕분에 전문가와
비전문가 모두가 쉽게 재료를 즐길 수 있다.

"한지가 보존해야 할 전통문화라는 이유로 무작정 관심을 강요할 수는
없습니다. 오히려 자연스러운 관심이 모일 때 지켜내려는 마음이 더 커진다고
생각해요. 이 공간에서만큼은 누구나 쉽고 편하게 한지를 경험했으면 합니다."
_한지문화산업센터 전통생활문화산업팀 **오은지** 주임

한지문화산업센터는 크게 지상 1층의 전시 공간과 지하 1층의 소통 공간으로 나뉜다.
1층 전시 공간 안쪽에 자리한 한지 마루에서는 한지를 주제로 약 2개월마다 새로운 전시를
선보인다. 단순히 붓글씨나 포장을 위한 용도를 넘어 인테리어 오브제나 사진 용지 등으로
활용되는 모습을 보며 한지의 새로운 아름다움을 발견할 수 있다. 공간의 중심에 놓인
테이블에는 전국 각지의 19개 공방에서 제조하는 한지가 가지런히 정돈돼 있다. 서랍을 하나씩
꺼내보며 각각이 지닌 매력을 더욱 깊게 탐구할 수 있다. 이 밖에도 한지로 만든 다양한 용품이
곳곳에서 아름다움을 뽐낸다.

지하 소통 공간에서는 '문화가 있는 날'로 지정된 매월 마지막 주 수요일마다 한지 체험
프로그램을 운영한다. 이날만큼은 평소 퇴근이 늦어 방문하지 못했던 이도 참여할 수 있도록
오후 9시까지 문을 열어둔다. 프로그램은 한지를 이용한 체험으로 지금까지 부채 만들기와
포장, 마블링 체험과 레터 프레스, 마지막으로 북 바인딩까지 다섯 차례에 걸쳐 각기 다른
주제로 진행했고 앞으로도 지속적으로 선보일 예정이다. 마음을 다해 한지를 소개하고 있는
이곳 한지문화산업센터에서 한지 본연의 아름다움은 물론 시각만으로는 미처 채워지지
않았던 호기심까지 함께 경험해 보자.

주소	서울특별시 종로구 북촌로 31-9
운영시간	오전 10시~오후 7시, 매주 월요일 휴관
	문화가 있는 날(매월 마지막 주 수요일) 오후 9시까지 연장 운영
전화번호	02-741-6600
홈페이지	www.hanjicenter.kr
SNS	@hanjicenter

디자이너를 위한 종이 아카이브
두성종이 서초 쇼룸

글 정경화

두성종이는 40여 년간 국내에 개성 있는 종이를 소개하며 디자이너를 위한 브랜드로 자리매김했다. 을지로에서 운영하는 종이 전시 겸 판매 공간인 인더페이퍼 역시 디자이너와 전공자에게 영감을 주는 장소로 오랫동안 사랑받고 있다. 그들은 더 많은 디자이너에게 다양한 제품을 소개하고자 지난해 9월 본사 쇼룸을 새롭게 단장했다. 인더페이퍼가 판매 위주의 숍이라면 이곳은 예약 방문 시스템으로 운영하며 소재의 경험에 집중한다. 디자이너는 종이 제품과 제작물을 자유롭게 둘러보고 상담을 받을 수 있다.

"예전에는 명함, 카탈로그 등 용도에 맞춰 종이를 골랐다면 요즘에는 표현하고 싶은 분위기나 특징을 더 중점적으로 고려합니다. 그럴수록 직접 제품을 보고 다양한 종이를 다뤄 본 큐레이터와 이야기하는 것이 도움이 됩니다. 온라인에서 저희를 발견했다면 오프라인으로 경험하도록 하는 것이 목표입니다."
_두성종이 영업지원팀 **손종준** 팀장

쇼룸은 총 3층으로 이루어져 있다. 1층은 두성종이의 제품으로 만든 출판물과 인쇄물, 패키지를 모아둔 아카이브이고, 2층은 전시 공간, 3층은 디자이너가 제품을 살펴보고 상담하는 공간이다. 아카이브에는 결과물마다 QR코드가 마련되어 있어 프로젝트에 대한 소개와 사용한 종이에 대한 정보를 바로 확인할 수 있다. 3층은 색지에서부터 시작해 수많은 종이를 종류별로 구분하여 넓은 벽면을 가득 채웠다.

"쇼룸을 준비하며 가장 많이 고민한 부분은 '종이를 어떻게 보여줄까?'였어요. 종이의 모습만 보고서 제작했을 때의 분위기를 예상하기란 쉽지 않습니다. 디자이너에게도 마찬가지죠. 그래서 실제 쓰임을 볼 수 있도록 여러 용도로 샘플을 제작해 전시하고 있어요. 아카이브를 갖춘 것도 같은 이유에서입니다."

현재 3층의 전시존은 색지와 친환경 종이, 항균지로 제작한 패키지, 이렇게 세 가지 주제로 꾸려져 있다. 색지존은 두성종이의 시그니처인 머메이드지로 형형색색의 봉투를 만들어 전시했고 항균지는 의료와 비누, 유아·아동, 식음료 등 항균 기능이 중요하게 요구되는 용도를 선정해 패키지를 제작했다. 쇼룸 한켠에 자리한 디자이너 테이블에서는 다양한 종이 샘플북을 살펴보고 자료를 검색하며 아이디어를 기록하고 발전시킬 수 있다.

주소	서울특별시 서초구 사임당로23길 41
운영시간	오전 10시~오후 5시, 상담 예약 이후 방문 가능
전화번호	02-3470-0001
홈페이지	www.doosungpaper.co.kr
SNS	@doosungpaper

건축, 예술, 자연의 합작품

뮤지엄 산

글 정경화

강원도 원주의 깊은 산자락, 구불구불 굽이진 길을 따라가다 보면 산에 가려 보이지 않던 노출콘크리트 건물이 눈에 들어온다. 돌과 콘크리트로 쌓은 벽면이 숲속 풍경의 일부인 듯 녹아 있는 이곳은 한솔문화재단에서 운영하는 문화예술 공간, 뮤지엄 산이다. SAN이라는 이름은 공간Space과 예술Art, 자연Nature의 첫 글자를 따서 지어졌다. 설계를 맡은 일본의 건축가 안도 다다오Ando Tadao는 산책로를 닮은 선형의 공간을 계획해 주변의 산세를 건축물에 담아냈다. 웰컴센터에서 시작하는 여정은 플라워가든과 워터가든, 본관, 스톤가든까지 70Cm 가까이 이어지며 공간 안팎으로 자연과 작품이 어우러지는 경험을 선사한다.

　　프로그램은 크게 본관에 위치한 미술관과 박물관, 미국의 현대 설치미술가인 제임스 터렐James Turrell의 작품을 전시하는 제임스터렐관, 그리고 2019년 개관한 명상관으로 나뉜다. 앞의 두 곳이 작품을 감상하는 곳이라면 나머지 두 곳에서는 오감으로 작품을 경험하거나 직접 몸을 움직이며 체험할 수 있다. 그중 종이를 주제로 하는 공간은 박물관, 바로 페이퍼 갤러리다.

　　페이퍼 갤러리는 총 네 개의 전시실로 이루어져 있다. 1전시관에서는 종이 이전의 기록물부터 기계 생산 방식이 발명되기까지의 흐름을 좇으며 그간의 역사를 소개하고, 2, 3전시관은 종이로 만든 공예품과 유물 등의 소장품을 용도별로 분류하여 보여준다. 마지막으로 4전시관에서는 '더 브리즈'라는 제목의 체험형 전시 작품을 만날 수 있다. 공중에서 떨어지는 잉크 방울 영상을 종이로 받아 더미 위로 흘려보내는 체험으로, 글자로 변한 영상이 바람처럼 흐르며 더미 위로 퍼져 나간다.

"마지막 작품을 체험하면 종이가 단순히 소재가 아니라 의미를 전달하는 매개체임을 느낄 수 있습니다. 그 역할을 되새겨 준다는 점에서 종이를 경험하는 가장 좋은 방법으로 추천하는 작품입니다."
_한솔문화재단 **허정윤** 선임

주소	강원도 원주시 지정면 오크밸리2길 260
운영시간	오전 10시~오후 6시 (매주 월요일 휴관)
전화번호	033-730-9000
홈페이지	www.museumsan.org
SNS	@museumsan_official

물성이 돋보이는 종이 제품

재료의 타고난 물성은 제품에 필요한 성능을 구현하고 개성을 더하는 좋은 방법이 된다. 종이의 물성이 유달리 돋보이는 여섯 가지 제품을 소개한다.

-
글 박우진

비침
양정모 스튜디오의 우브 램프

빛을 머금은 종이는 주변을 은은하게 밝힌다. 3단 구조의 철제 프레임에 한지를 붙여 제작한 양정모 스튜디오의 우브 램프Woven lamp는 이러한 종이의 비침이 돋보이는 제품이다.

조명을 켜면 숨겨져 있던 수직선이 우브 램프의 시그니처인 수평선과 겹쳐지며 격자 패턴을 완성한다. 불이 켜지기 전에도 충분히 아름답지만, 빛이 드리워진 순간에야 비로소 만날 수 있는 비밀스러운 모습이다. 제품에 사용하는 종이는 빛을 과하게 퍼뜨리지 않으면서도 패턴이 잘 드러나도록 얇지도 두껍지도 않은 평량 60g/m²의 한지를 쓴다. 한지는 다른 종이에 비하면 비교적 질기고 튼튼하지만, 여전히 날카로운 물건에는 취약하기에 주의가 필요하고 오염을 줄이기 위해 먼지는 주기적으로 털어주는 것이 좋다.

구김
시와의 브리프케이스

종이에 생기는 구김은 손길이 닿을수록 층층이
쌓이며 함께한 시간을 드러낸다. 시와SIWA의
브리프케이스Briefcase는 종이로 만든 서류 가방으로,
오래된 가죽에 손때가 묻어나듯 사용할수록 깊어지는
구김이 돋보이는 제품이다.

　일반적으로 주름은 깨끗하게 펴야 하는
존재지만, 시와에게는 없어서는 안 되는 대표적인
특징이다. 이들은 본래 주름이 잘 펴지지 않던
창호지인 나오론Naoron을 발견하고 이를 바탕으로
소프트 타입과 하드 타입 나오론을 직접 제작했다.
전자는 폴리올레핀과 목재 펄프를 섞어서, 후자는
폴리올레핀만으로 만든다. 특히 하드 타입 나오론에
사용하는 폴리올레핀은 폐페트병에서 추출하여 더욱
친환경적이다. 덕분에 종이임에도 물에 강하고 잘
찢어지지 않아 바느질도 가능하다.

SIWA©

파피에르다르메니©

연소
파피에르 다르메니의 북클릿

불이 붙으면 종이는 빠르게 연소하면서 짙은 잔향을 남긴다. 인센스처럼 일부러 태워서 사용하는
제품에는 매우 반가운 특성이다. 파피에르 다르메니Papier d'Arménie®의 북클릿Booklet은 이러한
연소성을 십분 활용해 만든 방향제다.

　제품의 핵심 원료는 굳은 송진으로부터 추출한 벤조인Benzoin이다. 이 물질은 불이 붙으면 향을
냄과 동시에 살균 작용을 한다. 이러한 특성을 발견한 오귀스트 퐁소Auguste Ponsot는 벤조인을
액화시켜 향을 입혔다. 여기에 특수 제작한 종이를 담근 뒤 건조, 압착 과정을 거쳐 책자 형태로 만든
것이 바로 북클릿이다. 사용할 때에는 한 칸씩 떼어내고 여러 번 접어 작은 접시 위에 세운다. 그런
다음 귀퉁이에 불을 붙이면 조금씩 타면서 향을 낸다.

접힘
브라운폴드의 오리가미 램프

변형에 유연한 종이는 큰 기술 없이 접는 것만으로도
개성 있는 모양과 견고한 구조를 구축해 낸다.
브라운폴드Brownfolds의 오리가미 램프Origami Lamp
또한 특수한 종이를 사용하지 않고 '접힘'만을 이용해
조명갓의 모든 것을 완성한다.

　　설치는 제작 과정만큼이나 단순하다. 접힌 상태로
배송된 제품을 펼친 후 전구에 씌우기만 하면 되어서
전문가의 도움 없이도 쉽게 설치할 수 있다. 보관
역시 접기만 하면 돼 옮기거나 수납하기도 편리하다.
유지관리는 마른 천으로 닦아 주면 충분하다. 단,
백열전구나 할로겐전구는 열을 지나치게 많이 발산하여
종이가 손상될 수 있으니 LED 전구만 사용하기를
추천한다.

©Brownfolds

가벼움
페이퍼 팝의 ㅁㅁㅂㅂ 종이책장

가벼움은 어디로든 쉽게 옮길 수 있다는 측면에서는
장점이지만, 단단한 제품을 만들어야 하는 경우에는 단점이
된다. 종이로 제품을 만든다면 대표 특성인 가벼움을 필히
고민해야 한다. 페이퍼 팝Paper Pop의 ㅁㅁㅂㅂ 종이책장은
단시간 사용하고 버려지는 MDF나 합판 소재의 책장을
대체하기 위해 만들어진 제품이다. 종이를 적용하지만 MDF나
합판만큼의 강도를 발휘한다. 또한 발수 코팅 처리한 강화
골판지를 사용해 가구로서의 기능성과 내구성을 높였다.
제품은 모듈을 조합하는 방식이라 공구 없이 혼자서도 조립할
수 있고 원하는 높이에 맞춰 쉽게 더하거나 덜어낼 수도 있다.
사용이 끝난 후에는 별도의 폐기 비용 없이 종이류로 배출해
재활용하면 된다.

©vitra

선과 면

비트라의 위글 사이드 체어

종이는 구축 방법에 따라 선과 면, 입체를 넘나들며 다양한 형상을 구현한다.
1969년 건축가 프랭크 게리Frank Gehry는 같은 형태로 자른 종이를 겹겹이
쌓아 곡선과 곡면이 어우러진 이지 엣지 사이드 체어Easy edge side chair를
선보였다. 이후 1986년 비트라vitra가 디자인에 대한 권리를 넘겨받아 만든
제품이 위글 사이드 체어Wiggle side chair다. 종이를 지그재그로 구부린
듯한 형태는 그러한 모양으로 자른 골판지를 골방향이 엇갈리도록 붙이고
하드보드지로 마감하는 간단한 방식으로 만들어졌다. 오롯이 종이만
사용해 만든 단순한 외관이지만 아름다움은 물론 충분한 강도와 안정감까지
자랑한다.

취재협조

브라운폴드 brownfolds.com
비트라 www.vitra.com
시와 www.siwa.jp
양정모 스튜디오 www.jungmoyang.com
파피에르 다르메니 www.papierdarmenie.fr
페이퍼 팝 www.paperpop.co.kr

참고자료

논문

- 이승철, 『우리가 정말 알아야 할 우리 한지』, 현암사, 2005.
- 김진섭, 『책 잘 만드는 책』, 두성북스, 2014.
- 편일평, 『페이퍼로드 기행』, MBC프로덕션, 2009.
- 강희일, 『한국출판의 이해』, 다산출판사, 2014.
- 반 시게루, 『행동하는 종이 건축』, 박재영(역), 민음사, 2019.

간행물

- 박종문, 「산림문화전집 14」, 『종이와 산림문화』, 2020. 12. pp.201-255.

논문

- 윤병훈, 「4차 산업혁명 시대, 종이의 생존전략」, 『산은조사월보』, 2017. 11. pp.44-77.
- 김형진, 「북미 펄프제지산업 동향」, 『세계농업』, 2014. 4. pp.1-13.

보고서

- 김이서, 『일회용의 유혹, 플라스틱 대한민국』, 그린피스, 2019.
- 고경력과학기술인-첨단기술정보, 『펄프 몰드와 환경(Environmental Aspect of Molded pulp)』. 저자-Hitoshi Kurata, 분석자-이치옹, 2004. 12.
- 환경부·한국환경공단, (사)한국포장재재활용사업공제조합, 『포장재 재질·구조 평가 가이드라인 부록』, 2020. pp.930-1045.

웹사이트

- 국립산림과학원 nifos.forest.go.kr
- 두성종이 www.doosungpaper.co.kr
- 민음사 minumsa.com
- 리베이션 www.revation.co.kr
- 무림 www.moorim.co.kr
- 비켈하우스 www.wikkelhouse.com
- 신풍한지 www.sphanji.co.kr
- 오이뮤 oimu-seoul.com
- 카타기리 아키텍처+디자인 www.k-a-d.jp
- 톤28 www.toun28.com
- 한국제지연합회 www.paper.or.kr
- 한솔제지 www.nansolpaper.co.kr
- 한지문화산업센터 www.hanjicenter.kr
- 호넥스트 www.honextmaterial.com

건축재료 처방전

<감 매거진GARM Magazine>은 자신의 공간을 스스로 만들 수 있는
최소한의 방법을 안내합니다. 그 시작은 건축의 가장 작은 단위인
재료에 대한 고찰입니다.
'감'은 순우리말로 재료를 뜻합니다. 감의 씨앗인 '감씨garmSSI'는
감 매거진을 만드는 에잇애플8apple의 출판 브랜드로, 당신의 공간에
적합한 재료를 소개하고 더 나아가 개인의 창조력을 현실화하는
방법을 함께 논의합니다.

 감씨는 에잇애플에서 발행하는
건축재료 단행본 시리즈의 브랜드입니다.